영어 라이팅, 어렵고 지루한 고행일까?

우리말을 영작하거나 뭔가 자신의 생각을 영어로 논리적으로 쓰는 연습을 한다고 하면 보통은 어렵고 딱딱하고 지루한 공부를 떠올립니다. 지루해서 대단한 인내심이 있어야 할 수 있는 공부라고 생각하죠. **이에 대해 한일의 영어 라이팅 훈련 시리즈는 라이팅 학습이 왜 꼭 그러해야 하냐고 반문합니다. 한일의 영어 라이팅 훈련 시리즈는 쉽고 재미있는 라이팅 훈련을 지향하고자 합니다.** 지금까지 여러분들이 영어 독해나 리스닝 공부를 친숙하게 느껴온 것처럼 우리 곁의 정말 친근한 영어 라이팅 훈련의 동반자가 되기를 희망합니다. 먼저 출간된 〈영어 라이팅 훈련 실천 다이어리〉 시리즈로 학습하신 많은 분들이 '도전하기 쉬워서 좋았다.' '정말 문장이 저절로 길어지는 것 같아 신기했다'는 피드백을 보내주셨습니다. 학습자분들 중에는 독해와 리스닝 실력이 중급 이상이신 분들도 계셨는데요, '다 아는 문장들이라고 생각했는데 막상 써보려고 하니 정말 막막하네요.'라고 하시면서 쉬운 문장부터 써보는 훈련의 필요성에 공감해 주셨습니다.

이제는 읽거나 듣고 이해하는 것에서 한 걸음 더 나아가 말하거나 쓸 줄 알아야 하는 '표현 영어'의 시대입니다. 예전에는 독해와 리스닝 실력만 출중해도 영어를 잘한다는 말을 쉽게 들을 수 있었지만 이제는 자신의 생각을 정확한 영어로 말하거나 쓸 줄 알아야 비로소 영어 실력을 인정 받을 수 있는 때가 된 것입니다. 그만큼 영어로 이메일을 주고받거나 보고서를 작성하는 등 글로 의사를 표시해야 하는 경우가 늘어났다는 현실의 방증이겠죠.

여러분도 좀 더 적극적인 영어 공부의 세계에 빠지기를 희망하십니까? 그렇다면 영어 라이팅 훈련에 도전하십시오. 하루에 30분에서 한 시간씩만이라도 라이팅 훈련에 할애하겠다고 다짐해 보십시오. 꾸준한 실천이 따라준다면 낙숫물이 바위를 뚫듯 언젠가는 여러분이 원하는 수준에 도달해 있을 것입니다.

영어 라이팅 훈련
실천 확장 워크북
③

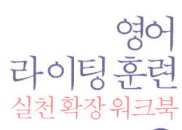

저자 한일

초판 **1**쇄 발행 2013년 12월 27일   초판 **2**쇄 발행 2021년 3월 5일

발행인 박효상   **책임 편집** 김현   **편집** 김설아   **디자인 · 조판** the PAGE 박성미   **디자인** 이연진   **마케팅** 이태호, 이전희

출판등록 제10-1835호   **발행처** 사람in   **주소** 04034 서울시 마포구 양화로 11길 378-16번지 3F
전화 02) 338-3555(代)   **팩스** 02) 338-3545   **E-mail** saramin@netsgo.com
Website www.saramin.com

책값은 뒤표지에 있습니다.
파본은 바꾸어 드립니다.

ⓒ 한일 2013

ISBN
978-89-6049-369-8 13740
978-89-6049-286-8(set)

우아한 지적만보, 기민한 실사구시 사람in

영어 라이팅 훈련
실천 확장 워크북 ③

Training 61-100

Preface

외국어 습득의 끝은 그 나라 말로 글을 쓸 수 있는가입니다. 글이 없었다면, 시, 소설, 수필 등 수많은 문학 작품들이 지금까지 남아 있지 않겠죠. 글을 쓰기 위해 사용하는 단어들은 기억하기 쉬운 철자와 발음으로 진화했고, 그 단어들은 전달하는 내용의 일관성을 지니기 위해 각각 자신에게 가장 좋은 자리를 정해 놓기 시작했습니다. 이렇게 철자와 단어가 오는 자리가 정해지면서 한번 쓰여진 글은 수 세대를 거쳐 내려오면서도 동일한 메시지를 전달할 수 있는 체계를 잡게 된 것입니다.

우리가 외국어를 배운다는 것은 각 단어가 메시지를 전달하기 위해 가장 좋은 위치라고 선정한 그 자리를 익히는 것이라고 할 수 있습니다. 이것을 다른 말로는 '문법'이라고도 하지요. '문법'이라는 용어가 학습자들에게는 부담스러운 용어이긴 하지만 이것이 있기 때문에 우리는 원하는 메시지를 올바로 전달할 수 있는 것입니다.

〈영어 라이팅 훈련 실천 확장 워크북〉 시리즈는 〈영어 라이팅 훈련 실천 다이어리〉 시리즈와 동일한 필수 문법 포인트 75개를 사용하여 쓰기 훈련을 합니다. 우리가 영어로 말을 하거나 글을 쓸 때 가장 자주 쓰게 되는 필수 문법 사항들만 뽑은 이 75개의 문법 포인트로 문장을 쓸 수 있어야 비로소 영어로 문장을 쓸 수 있다고 말할 수 있습니다. 문장의 뼈대를 이루는 필수 문법 포인트들을 가지고 문장 쓰기 연습을 충분히 하면서 각 단어가 수천 번의 시행착오를 거쳐 가장 안정적인 위치에 자리 잡혀 있는 것을 익히도록 하세요.

우리나라 영어 라이팅 교육에서 가장 많이 사용되고 있는 교수법은 Translation(번역)과 Discourse Completion Task(빈칸 채우기)입니다. 개인적으로 〈영어 라이팅 훈련 실천 확장 워크북〉 시리즈를 통해 기존의 방식에 비해 학습자와 교사가 영어 라이팅을 좀 더 가깝고 쉽게 느낄 수 있는 다른 학습법을 책으로 소개할 수 있게 된 것에 의미가 크다고 봅니다. 들으면 생소할 수 있는 Substitution Table(바꿔 쓰기), Add Detail(살 붙여 쓰기), Questioning(질문&답변 문장 만들기), Perfect Sentence(완벽한 문장 쓰기), Speed Writing(빨리 쓰기)과 같은 이 책의 훈련 과정들이 모두 Writing 학습법을 대변하고 있고 여러분의 영어 라이팅 실력 향상에 많은 도움이 되는 방법들입니다. 말하기와 쓰기의 중요성이 점차 높아지고 있는 요즘, 교사와 학습자 모두가 라이팅 학습을 재미있는 영역으로 받아들이고 더 다양한 방법으로 Writing 학습에 도전할 수 있게 되기를 바랍니다.

저자 *한일*

〈영어 라이팅 훈련 실천 확장 워크북〉 시리즈엔
뭔가 특별한 것이 있다!

1. 75개 문법 포인트를 기반으로 한 총 3권 100개 Training

〈영어 라이팅 훈련 실천 확장 워크북〉 시리즈는 뼈대 문장을 이루는 문법 포인트별로 분류되어 총 3권, Book 1 30개 Training, Book 2 30개 Training, Book 3 40개 Training으로 총 100개 unit으로 구성되어 있습니다. 문법 포인트의 난이도가 조금씩 올라가므로 문장의 구조도 자연스럽게 조금씩 복잡해지지만 난이도의 차이가 크지 않아 학습자가 훈련하기를 원하는 부분을 골라서 훈련하는 것도 가능합니다.

2. 〈영어 라이팅 훈련 실천 다이어리〉 시리즈와 연계 지속 학습 가능

〈영어 라이팅 훈련 실천 확장 워크북〉 시리즈는 먼저 출간된 〈영어 라이팅 훈련 실천 다이어리〉 시리즈와 동일한 75개의 문법 포인트를 기반으로 더욱 다양한 문장들을 단기간에 많이 써 보는 훈련을 할 수 있도록 구성되었습니다. 다루는 문법 포인트의 순서도 동일하게 함으로써 두 라인의 교재를 연계 학습할 수 있도록 하였습니다. 즉, 〈영어 라이팅 훈련 실천 다이어리〉 1~3권으로 훈련한 후, 보충 심화 훈련 과정으로 〈영어 라이팅 훈련 실천 확장 워크북〉을 활용할 수 있습니다. 〈영어 라이팅 훈련 실천 다이어리〉는 문장 확장 방식의 쓰기 훈련이며, 〈영어 라이팅 훈련 실천 확장 워크북〉은 뼈대 문장을 활용해 다양한 문장을 만들고 이 문장을 여러 문장으로 확장하여 짧은 문단 쓰기가 가능해지도록 하였으므로 '실천 확장 워크북'의 난이도가 더 높아 '실천 다이어리'를 먼저 학습한 후, '실천 확장 워크북'으로 넘어가는 것이 좋습니다.

3. 쓰기에 저절로 재미를 붙이게 하는 5-step 라이팅

바꿔 쓰기 → 살 붙여 쓰기 → 다시 쓰기 → 질문&답변 문장 만들기 → 완벽한 문장 쓰기로 이어지는 5-step 라이팅 훈련을 한 후, 마지막으로 스피드 라이팅으로 마무리 복습 훈련을 함과 동시에 문장 체득률을 체크해 볼 수 있도록 하였습니다. 문장 쓰기 훈련에 그치지 않고 세 문장으로 이루어진 짧은 문단 쓰기에 도전하도록 하여 문단 쓰기의 첫걸음을 뗄 수 있게 하였습니다.

4. 자기주도형 독습용으로도, 수업용으로도 모두 OK

〈영어 라이팅 훈련 실천 확장 워크북〉은 독습용, 학원 수업 및 과제 용도로 모두 활용 가능하도록 학습 과정을 구성하였습니다. 수업용으로 활용할 시, Writing Work 1, 2, 4는 교사와 학생이 함께 해보고, Writing Work 3, 5는 혼자 스스로 하는 학습을 위한 과제로 활용할 수 있습니다.

영어 라이팅 강자로 만들어 주는
학습 로드맵

〈영어 라이팅 훈련 실천 다이어리〉 시리즈와 함께 활용하면 100일 이상 연계 지속 훈련이 가능합니다!

 step 1 영어 라이팅 훈련 실천 다이어리 시리즈
75개 문법 포인트를 기반으로 문장 확장 방식을 도입한 100일 쓰기 훈련북

Story Writing 30일 ⇅ E-mail Writing 30일 ⇅ Essay Writing 40일

  step 2 영어 라이팅 훈련 실천 확장 워크북 시리즈
100일 실천을 확장, 심화하여 75개 문법 포인트를 기반으로 더 다양한 문장 쓰기에 도전하고 짧은 문단 쓰기까지 도전해 보는 5-step 라이팅 워크북

학습 제안

 plan A 〈영어 라이팅 훈련 실천 다이어리〉 1~3권을 모두 학습한 후, 〈영어 라이팅 훈련 실천 확장 워크북〉 1~3권의 더욱 다양한 문장으로 심화 훈련합니다.

 plan B 〈영어 라이팅 훈련 실천 다이어리〉의 각 Day(한 unit)가 끝날 때마다 〈영어 라이팅 훈련 실천 확장 워크북〉의 더욱 다양한 문장으로 보충 심화 훈련합니다. (Ex. 실천 다이어리 Day 1 + 실천 확장 워크북 Training 1) 수업에서 교재로 사용할 시에는 〈영어 라이팅 훈련 실천 확장 워크북〉을 과제용으로 활용할 수 있습니다.

 plan C 〈영어 라이팅 훈련 실천 다이어리〉 1권의 학습을 끝마치고 〈영어 라이팅 훈련 실천 확장 워크북〉 1권을 학습한 후, 다음 단계인 〈영어 라이팅 훈련 실천 다이어리〉 2권 학습으로 넘어갑니다.

〈영어 라이팅 훈련 실천 확장 워크북〉
훈련 과정 & 활용법

바꿔 쓰기 SUBSTITUTION table

writing WORK 01

영어는 '고정 언어(Fixed Language)'라고 합니다. 즉, 어떤 단어 뒤에 어떤 단어가 올지 정해져 있는 언어라는 말입니다. '바꿔 쓰기(Substitution Table)'는 고정되어 있는 순서를 지키면서 단어만 바꾸어서 새로운 문장을 만드는 연습을 하는 단계입니다. 이 연습을 많이 하면 어휘력과 내용 창조력이 좋아집니다. 문장 하나를 쓸 수 있다는 것은 다른 수많은 문장을 만들 수 있는 잠재력을 가지고 있다는 말과 같으며 바꿔 쓰기 단계가 그 능력을 키워 줄 것입니다.

활용법 상단에 주어진 대표 문장을 보고 각 대표 문장과 똑같은 구조의 문장을 핵심 단어(key word)만 바꿔서 쓰기 훈련합니다. 대표 문장 하나 당 2개씩의 도전 문장이 주어지며, 바로 옆에 주어진 핵심 단어가 어렵다면, 우측 하단에 나와 있는 second hint를 통해 단어의 뜻을 확인하고 써 보세요.

살 붙여 쓰기 ADD detail

writing WORK 02

'Writing Work 1 바꿔 쓰기'에서 살펴본 각 뼈대 문장이 주어지고, 그 앞뒤에 일어날 수 있는 상황을 상상하여 아이디어를 더해 세 문장으로 구성된 짧은 문단을 만들어 보는 순서입니다. Writing을 할 때 무엇을 쓸지 아이디어가 없어서 문장을 못 만드는 경우, 앞뒤에 일어날 수 있는 상황을 생각해보면 더 많은 문장을 만들어 낼 수 있습니다. 게다가 앞뒤에 덧붙는 문장들은 뼈대 문장의 내용을 쉽게 기억하게 하는 역할도 합니다. '살 붙여 쓰기(Add Detail)' 훈련을 통해 한 문장을 더 길고 자세한 내용을 담아 여러 문장으로 확장하는 능력을 키우고 문단 쓰기의 첫걸음을 떼어 보세요.

활용법 단어나 구 단위로 쪼개어져 순서가 섞여 있는 패널들을 어순에 맞게 재배열하여 주어진 뼈대 문장의 앞뒤에 문장을 추가해 살을 붙여 보세요. 세 문장 모두 완성하여 빈칸에 한 줄씩 각각 쓴 문장을 모으면 문단의 가장 최소 단위라 할 수 있는 세 문장으로 이루어진 짧은 문단이 만들어집니다.

writing WORK 03 — 다시 쓰기 write AGAIN

쓰기는 질적인 연습(Quality Practice)보다 양적인 연습(Quantity practice)이 더 효과적입니다. 즉, 잘 쓰고 싶다면 많이 쓰라는 것입니다. '살 붙여 쓰기'에서 썼던 문장들을 다시 이어서 쓰기 연습함으로써 각 문장을 모아 짧은 단락(paragraph)을 구성할 수 있음을 체득할 수 있습니다. 각 문장을 하나의 흐름을 가지고 연속해서 쓰는 경우, 전체가 하나의 내용 덩어리가 되어 한꺼번에 기억하기 쉽고 나중에 다른 글을 쓸 때도 한 두 문장만 쓰고 막히는 일이 없도록 도와줄 것입니다.

활용법 'Writing Work 2 살 붙여 쓰기'에서 써 본 각 문장들을 죽 이어서 짧은 문단을 쓰는 느낌으로 가급적 빨리 써 봅시다. 이때, 앞에서 써 본 문장들을 보지 말고 주어진 우리말 해석만 보고 최대한 기억해 내어 단숨에 써내려 가세요.

writing WORK 04 — 질문&답변 문장 만들기 QUESTIONing

하루 일과는 What time is it?, Who is it?, Why do you think so?, When was it? Where are you? 등과 같은 wh- question으로 가득 차 있습니다. 그러므로 wh- question을 유창하게 쓰고 말할 수 있어야 하는 것은 당연한 말이겠죠. wh- question 역시 앞뒤 상황 속에서 사용되므로 흐름상 가장 적절한 wh- question을 만드는 연습을 해야 합니다. 앞에서 훈련한 대표 문장의 뼈대를 활용하여 질문과 답변 문장을 만들어 봄으로써 쓰기 훈련한 문장들을 일상 회화에도 적용할 수 있는 능력을 키울 수 있습니다.

활용법 앞에서 훈련한 뼈대 문장을 활용하여 일상 회화에서 자주 쓰이는 질문과 답변 문장을 만들어 봅시다. 부록으로 제공되는 MP3 파일 음원을 들으면서 써 본 문장의 말하기 훈련도 병행하여 라이팅과 스피킹을 연계 훈련하세요.

⟨영어 라이팅 훈련 실천 확장 워크북⟩
훈련 과정 & 활용법

완벽한 문장 쓰기 PERFECT sentence

writing WORK 05

연습(practice)은 실수(mistake)를 허락하고 그것을 통해서 배우지만, 실전(test)은 실수를 용납하지 않습니다. 그래서 연습만 하면 실수하는 것에 대한 심각성을 자각하지 못하는 경우가 있습니다. 그러므로 실전과 비슷한 상황에서 스스로 테스트해 보는 것이 중요한데요, Perfect Sentence가 그것을 도와주는 순서입니다. 쉬운 문장을 쓰더라도 반드시 100% 완벽하다고 보장할 수 있는 문장만을 써야 합니다. 어려운 문장을 써서 틀릴 바에야 쉽게 쓰고 맞는 문장을 쓰도록 합시다. Perfect Sentence는 자신의 실력으로 어디까지 맞는 문장을 쓸 수 있는지 보여 주고 실전 라이팅 시험에 대한 두려움을 줄여 줄 것입니다.

활용법 4단계에 걸쳐 뼈대 문장 쓰기 훈련을 했다면 이번에는 지금까지 숙지한 문장 구조와 주어진 어구를 활용하여 내가 만들고 싶은 문장을 만들어 봅시다. 단, 문법적 오류가 없는 100% 완벽한 문장을 쓰도록 최대한 노력해야 된다는 것을 잊지 마세요! 답안에는 샘플 문장이 두 개씩 주어집니다.

별책 빨리 쓰기 SPEED WRITING

Speed Writing

본 교재에서 문장 쓰기에 도전할 때 걸린 시간보다 짧은 시간 내에 쓸 수 있도록 훈련해야 합니다. 그래야 정확성과 유창성이 향상되기 때문이죠. 했던 것을 반복할 때 우리는 숙달되게 되는데 이 숙달의 정도를 판단할 수 있는 것이 바로 '속도'와 '정확성'입니다. Speed Writing은 '숙련도+정확성+유창성'을 높이는 데 탁월한 효과가 있습니다. 훈련한 문장들을 재빨리 기억해 내어 더 빨리 쓰기 훈련을 함으로써 내용 기억을 강화하고 앞서 훈련한 문장들의 체득률을 점검할 수 있습니다.

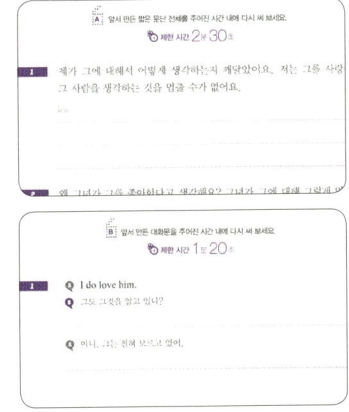

활용법 본책에서 훈련한 문장들을 모아 최종적으로 스피드 라이팅 훈련을 해 봅시다. '속도'와 '정확성', 두 마리의 토끼를 모두 잡을 수 있도록 제한 시간 내에 최대한 집중하여 머릿속에 입력된 문장들을 재빨리 출력(output)할 수 있도록 노력하세요. 수업용으로 활용할 때는 스피드 라이팅 훈련북을 과제나 테스트용으로 활용할 수 있습니다.

▶ **문장 익힘 MP3 파일 다운로드** 사람in 홈페이지 www.saramin.com에서 무료로 제공하고 있는 '문장 익힘 MP3 파일'을 다운로드 받는 것도 잊지 마세요! Speed Writing에 수록된 모든 문장들을 네이티브 스피커의 음성으로 확인할 수 있습니다. 손으로 써 본 문장을 음성으로 듣고 여러 번 소리 내어 따라 읽으면 확실히 나의 문장으로 만들 수 있겠죠. 문장을 손으로 익히고 귀로 익히고 입으로도 익히세요!

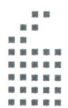

Curriculum

Unit	Target Grammar	Example Sentence
Training 61	강조, 의문, 부정을 만드는 do	I do love him.
Training 62	의문사를 사용한 의문문	Where did you put the remote control?
Training 63	12시제 정리 1	The world keeps changing.
Training 64	12시제 정리 2	Who will be joining us?
Training 65	Review & Practice : 단락 만들기	
Training 66	양 나타내기	Believe it or not, a significant number of people still believe in its existence.
Training 67	부정대명사	There is nothing better than this.
Training 68	Review & Practice : 약도 설명하기	
Training 69	전환구 사용해서 문장 쓰기	All things considered, the race between nations over the development of resources will continue.
Training 70	5형식 정리	He heard someone knocking on the door in the middle of the night.
Training 71	4형식 정리	He told me the problem that you talked so much in your sleep that he couldn't sleep.
Training 72	Review & Practice : 스토리 요지 설명하기	
Training 73	비교급 & 최상급 1	This month is busier than last month. Next month will be the busiest season in a year.
Training 74	비교급 & 최상급 2	Imagination is more important than knowledge. Courage is the most important.
Training 75	기타 비교 구문	I think he is as tall as I am.
Training 76	Review & Practice : 인물 묘사하기	
Training 77	명사절 만들기(주어, 보어)	It is important that everyone understands the rules and follows them.
Training 78	명사절 만들기(목적어)	I don't like how he treats dogs.
Training 79	if ~ or not, whether ~ or not, whether or not 목적어로 쓰기	I wonder if she has changed or not.
Training 80	Review & Practice : 에세이 완성하기 (1)	

Review & Practice에서는 앞서 훈련한 문장들을 빈칸 채우기 하면서 복습해 봄과 동시에 실전 적용 능력을 키울 수 있도록 '서술형 과제'가 하나씩 주어집니다.

Unit	Target Grammar	Example Sentence
Training 81	직접 화법 만들기	He said, "I'll never forget having a good time with you."
Training 82	조동사가 쓰인 직접 화법을 간접 화법으로 바꾸기	The clerk said I could get a refund at the customer service center.
Training 83	의문사+to부정사	I don't know what to do next.
Training 84	Review & Practice : 찬성/반대 입장 정해서 쓰기	
Training 85	관계대명사 that	This is the only way that can make a profit.
Training 86	관계대명사 who, which	He is not a man who gets angry easily.
Training 87	the thing that 주어+동사 = what 주어+동사	You have to tell me what you did.
Training 88	the thing that 주어+be동사 = what 주어+be동사	I want to know what you are going to do.
Training 89	Review & Practice : 그래프 설명하기	
Training 90	형용사절을 형용사구로 바꾸기	The man recognized his friend wearing the same jacket.
Training 91	관계대명사의 계속적 용법과 제한적 용법	They know my plan. The plan, which is about quitting my job, is not a secret anymore.
Training 92	Review & Practice : 속담 설명하기	
Training 93	such ~ that 쓰기	It was such nice weather that we could go out and had fun.
Training 94	so ~ that 쓰기	I like it so much that I can spend all day doing it.
Training 95	관계부사 where, when, why, how	This is the place where I left my card.
Training 96	복합관계부사, 복합관계대명사, no matter~	You can come to my house whenever you want.
Training 97	Review & Practice : 자신의 입장 쓰기	
Training 98	동사구 1	Why don't you leave out the unimportant things?
Training 99	동사구 2	This picture made me go back in my memory to 15 years ago.
Training 100	Review & Practice : 에세이 완성하기 (2)	

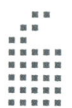

〈영어 라이팅 훈련 실천 확장 워크북〉
훈련 플래너

■ 본 교재

		Training 61	Training 62	Training 63	Training 64
		월 일 : ~ :	월 일 : ~ :	월 일 : ~ :	월 일 : ~ :
Training 65 Review	Training 66	Training 67	Training 68 Review	Training 69	Training 70
월 일 : ~ :	월 일 : ~ :	월 일 : ~ :	월 일 : ~ :	월 일 : ~ :	월 일 : ~ :
Training 71	Training 72 Review	Training 73	Training 74	Training 75	Training 76 Review
월 일 : ~ :	월 일 : ~ :	월 일 : ~ :	월 일 : ~ :	월 일 : ~ :	월 일 : ~ :
Training 77	Training 78	Training 79	Training 80 Review	Training 81	Training 82
월 일 : ~ :	월 일 : ~ :	월 일 : ~ :	월 일 : ~ :	월 일 : ~ :	월 일 : ~ :
Training 83	Training 84 Review	Training 85	Training 86	Training 87	Training 88
월 일 : ~ :	월 일 : ~ :	월 일 : ~ :	월 일 : ~ :	월 일 : ~ :	월 일 : ~ :
Training 89 Review	Training 90	Training 91	Training 92 Review	Training 93	Training 94
월 일 : ~ :	월 일 : ~ :	월 일 : ~ :	월 일 : ~ :	월 일 : ~ :	월 일 : ~ :
Training 95	Training 96	Training 97 Review	Training 98	Training 99	Training 100 Review
월 일 : ~ :	월 일 : ~ :	월 일 : ~ :	월 일 : ~ :	월 일 : ~ :	월 일 : ~ :

훈련 날짜를 기록하면서 하루도 빠뜨리지 말고 라이팅 훈련하세요!

■ **Speed Writing**

	Training 61	Training 62	Training 63	Training 64
	월 일 ⏰ : ~ :	월 일 ⏰ : ~ :	월 일 ⏰ : ~ :	월 일 ⏰ : ~ :

Training 65 Review	Training 66	Training 67	Training 68 Review	Training 69	Training 70
월 일 ⏰ : ~ :	월 일 ⏰ : ~ :	월 일 ⏰ : ~ :	월 일 ⏰ : ~ :	월 일 ⏰ : ~ :	월 일 ⏰ : ~ :

Training 71	Training 72 Review	Training 73	Training 74	Training 75	Training 76 Review
월 일 ⏰ : ~ :	월 일 ⏰ : ~ :	월 일 ⏰ : ~ :	월 일 ⏰ : ~ :	월 일 ⏰ : ~ :	월 일 ⏰ : ~ :

Training 77	Training 78	Training 79	Training 80 Review	Training 81	Training 82
월 일 ⏰ : ~ :	월 일 ⏰ : ~ :	월 일 ⏰ : ~ :	월 일 ⏰ : ~ :	월 일 ⏰ : ~ :	월 일 ⏰ : ~ :

Training 83	Training 84 Review	Training 85	Training 86	Training 87	Training 88
월 일 ⏰ : ~ :	월 일 ⏰ : ~ :	월 일 ⏰ : ~ :	월 일 ⏰ : ~ :	월 일 ⏰ : ~ :	월 일 ⏰ : ~ :

Training 89 Review	Training 90	Training 91	Training 92 Review	Training 93	Training 94
월 일 ⏰ : ~ :	월 일 ⏰ : ~ :	월 일 ⏰ : ~ :	월 일 ⏰ : ~ :	월 일 ⏰ : ~ :	월 일 ⏰ : ~ :

Training 95	Training 96	Training 97 Review	Training 98	Training 99	Training 100 Review
월 일 ⏰ : ~ :	월 일 ⏰ : ~ :	월 일 ⏰ : ~ :	월 일 ⏰ : ~ :	월 일 ⏰ : ~ :	월 일 ⏰ : ~ :

Book 3의 훈련을 모두 완수하셨습니다. 수고하셨습니다.

Training 61 훈련

강조, 의문, 부정을 만드는 do

이번 과에서는 do를 동사원형 바로 앞에 써서 동사를 강조하는 문장을 만드는 훈련을 해 봅니다.

다음 문법 지식을 알아두면
문장을 만들 때 훨씬 쉽게 만들 수 있습니다.

TARGET GRAMMAR

- do/ does/ did를 동사 원형 바로 앞에 써서 강조문 만들기
  Ex. I **did** know you. 저는 당신을 알고 있었어요.

- do/ does/ did를 문장 앞에 써서 의문문 만들기
  Ex. **Do** they sell it? 그들이 그것을 파나요?

- do/ does/ did 뒤에 not을 써서 부정문 만들기
  Ex. It **does** not matter. 그건 상관없어요.

writing WORK

SUBSTITUTION table

바꿔 쓰기

주어진 문장을 참고하여 단어를 바꿔서 새로운 문장을 만들어 보세요.

1

I do love him.
저는 그를 사랑해요.

도전 문장 ❶ 저는 그녀를 사랑했어요. — did

도전 문장 ❷ 그녀가 그것을 알아요. — does

2

Did she care for him so much?
그녀가 그에 대해 그렇게 신경을 많이 썼나요?

도전 문장 ❶ 당신은 그렇게 많이 먹었어요? — eat

도전 문장 ❷ 그가 그렇게 많이 배웠어요?

3

Of course, he doesn't want to work on Sunday.
물론, 그는 일요일에는 일하고 싶어 하지 않죠.

도전 문장 ❶ 물론, 그것은 줄지 않아요. — lose

도전 문장 ❷ 물론, 그는 아무런 잘못된 일을 하지 않아요. — anything • wrong

Second Hint

1
love 사랑하다

2
care for ~을 신경 쓰다

3
shrink 줄다

Training **61** 강조, 의문, 부정을 만드는 do

writing WORK

ADD detail

살 붙여 쓰기

내용상 흐름이 자연스럽게 이어지도록 주어진 문장의 앞과 뒤에 문장을 추가해 짧은 문단을 만들어 보는 순서입니다.
주어진 단어를 순서에 맞게 배열하여 완성 문장을 만들어 보세요.

1

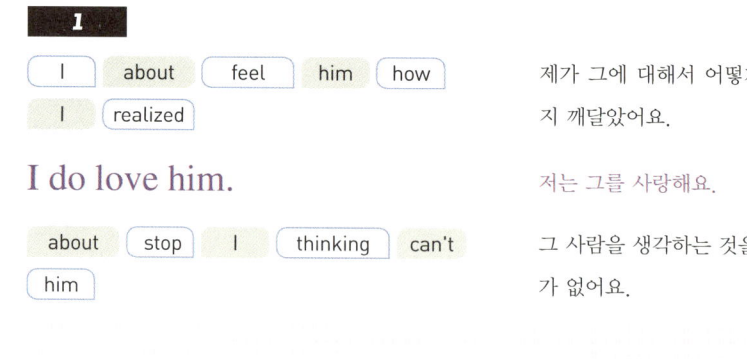

제가 그에 대해서 어떻게 생각하는지 깨달았어요.

저는 그를 사랑해요.

그 사람을 생각하는 것을 멈출 수가 없어요.

2

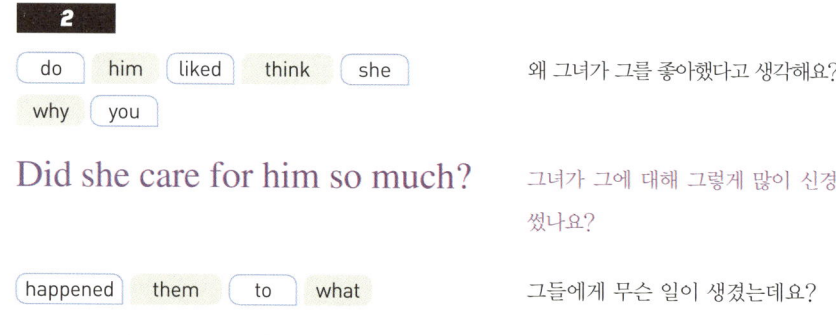

왜 그녀가 그를 좋아했다고 생각해요?

그녀가 그에 대해 그렇게 많이 신경 썼나요?

그들에게 무슨 일이 생겼는데요?

Second Hint

1
realize 깨닫다
stop -ing ~을 멈추다

2
happen 일어나다, 생기다

3

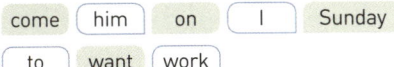

Of course, he doesn't want to work on Sunday.

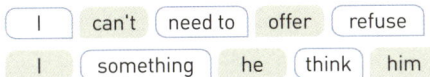

저는 그가 일요일에 일하러 왔으면 해요.

물론, 그는 일요일에는 일하고 싶어 하지 않죠.

그가 거절할 수 없는 무언가를 그에게 제공할 필요가 있다고 생각해요.

ADD detail

Second Hint

3
offer 제공하다
refuse 거절하다
something 무엇인가, 어떤 것

writing WORK 03

write AGAIN
다시 쓰기

앞서 만든 짧은 문단 전체를 이어서 다시 써 보세요.

1

제가 그에 대해서 어떻게 생각하는지 깨달았어요. 저는 그를 사랑해요. 그 사람을 생각하는 것을 멈출 수가 없어요.

2

왜 그녀가 그를 좋아했다고 생각해요? 그녀가 그에 대해 그렇게 많이 신경 썼나요? 그들에게 무슨 일이 생겼는데요?

3

저는 그가 일요일에 일하러 왔으면 해요. 물론, 그는 일요일에는 일하고 싶어 하지 않죠. 그가 거절할 수 없는 무언가를 그에게 제공할 필요가 있다고 생각해요.

여기서 끝이 아니다!
Speed Writing Book에서 빨리 쓰기 훈련을 통해 완전히 내 것으로 소화시키세요.

writing WORK

04

QUESTIONing

질 문 & 답변 문장 만 들 기

Wh- question 또는 일반의문문의 문장을 만들어 보세요. 그런 다음 그 질문에 답하는 문장을 써 보세요.

1

Q I **do** love him.

B 그도 그것을 알고 있니?   `know`

Q 아니, 그는 전혀 모르고 있어.   `no idea`

2

Q **Did** she care for him so much?

B 응, 그녀는 그를 아주 많이 돌봐줬어.   `care for`

Q 왜 그녀가 그를 돌봐줬지?   `why`

3

Q Of course, he **doesn't** want to work on Sunday.

B 누가 일요일에 일하기를 원하겠어?   `who`

Q 내 생각에 어떤 사람들은 그럴 걸.   `do`

19

Training **61** 강조, 의문, 부정을 만드는 do

writing WORK 05

PERFECT sentence

완벽한 문장 쓰기

'강조, 의문, 부정을 만드는 do'를 사용하여 문법상 오류가 없는 완벽한 문장을 만들어 보세요.

1 I do

2 I did

3 He did

4 Did you

5 She didn't

의문사를 사용한 의문문

이번 과에서는 Who, When, Where, Why, How 등의 의문사를 사용하여 의문문을 만드는 훈련을 해 봅니다.

다음 문법 지식을 알아두면
문장을 만들 때 훨씬 쉽게 만들 수 있습니다.

TARGET GRAMMAR

- do/ does/ did를 문장 앞에 써서 의문문 만들기

  Ex. **Does** he give this to you? 그가 당신에게 이것을 주나요?

- be동사를 문장 앞에 써서 의문문 만들기

  Ex. **Are** you giving this to me for free? 저에게 이것을 공짜로 주시는 거예요?

- why, how, where, when, which, what, who, whom, whose를 문장 앞에 써서 의문문 만들기

  Ex. **Why** does he give this to you? 그가 왜 당신에게 이것을 주죠?

writing WORK

SUBSTITUTION table

바꿔 쓰기

주어진 문장을 참고하여 단어를 바꿔서 새로운 문장을 만들어 보세요.

1

Where did you put the remote control?
당신은 리모컨을 어디에 두었나요?

도전 문장 ❶ 당신은 그를 어디서 봤어요?   `did`

도전 문장 ❷ 당신은 어디에 가기를 원해요?   `like`

2

Who do you think has an advantage?
누가 이점을 가진다고 생각해요?

도전 문장 ❶ 누가 이번에 먼저 점수를 낼 거라고 생각해요?   `scores first`

도전 문장 ❷ 누가 그것을 사용했다고 생각해요?   `used`

3

How does it work?
그것이 어떻게 돼가요?

도전 문장 ❶ 그가 그것을 어떻게 해요?

도전 문장 ❷ 그녀가 그것을 어떻게 배워요?   `learn`

Second Hint

1
remote control 리모컨

—

2
advantage 혜택
score 점수를 올리다

—

3
work 일이 되어가다, 작동하다

writing WORK 01

SUBSTITUTION table

4

Why do you bring up the past?
왜 옛날 일을 들추고 그러세요?

도전 문장 ❶ 왜 갑자기 그것을 말하고 그래요?   `say • all of a sudden`

도전 문장 ❷ 왜 그들이 테이블 주위에 모였어요?   `gather around`

Second Hint

4
bring up (논거 등을) 내놓다
the past 과거, 지난 일
all of a sudden 갑자기
gather 모이다

writing WORK

ADD detail

살 붙여 쓰기

내용상 흐름이 자연스럽게 이어지도록 주어진 문장의 앞과 뒤에 문장을 추가해 짧은 문단을 만들어 보는 순서입니다.
주어진 단어를 순서에 맞게 배열하여 완성 문장을 만들어 보세요.

1

우리 TV로 영화 봐요.

Where did you put the remote control?

당신은 리모컨을 어디에 두었어요?

제가 지난번에 봤을 때는 여기에 있었는데요.

2

그 이후로 그들은 함께 일하고 있는 중이에요.

Who do you think has an advantage?

누가 이점을 가진다고 생각해요?

그들이 동등하게 대접받아야 한다고 생각하지 않아요?

Second Hint

1
last time 지난번에

2
treat 대접하다
equally 동등하게

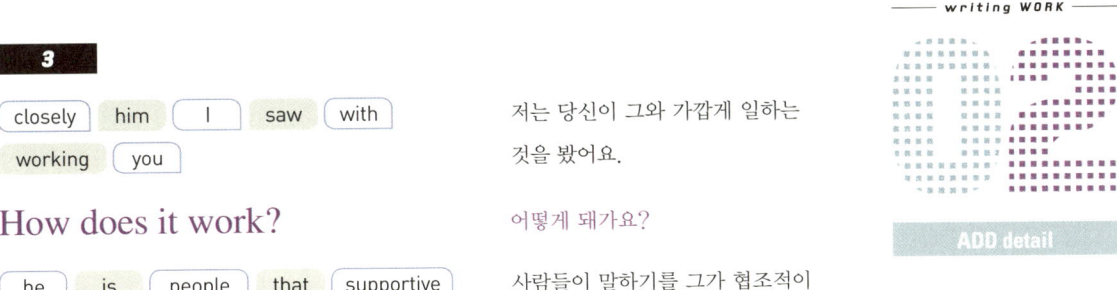

3

[closely] [him] [I] [saw] [with] [working] [you]

How does it work?

[he] [is] [people] [that] [supportive] [say]

저는 당신이 그와 가깝게 일하는 것을 봤어요.

어떻게 돼가요?

사람들이 말하기를 그가 협조적이라고 하던데요.

4

[I] [want to] [this] [out of] [stay]

Why do you bring up the past?

[has] [it] [me] [nothing] [with] [to do]

저는 이 일에 관여하고 싶지 않아요.

왜 옛날 일을 들추고 그러세요?

그건 저와는 관계가 없어요.

Second Hint

3
closely 가깝게
supportive 협조적인

writing WORK 03

write AGAIN

다시 쓰기

앞서 만든 짧은 문단 전체를 이어서 다시 써 보세요.

1

우리 TV로 영화 봐요. 리모컨을 어디에 두었어요? 제가 지난번에 봤을 때는 여기에 있었는데요.

2

그 이후로 그들은 함께 일하고 있는 중이에요. 누가 이점을 가진다고 생각해요? 그들이 동등하게 대접받아야 한다고 생각하지 않아요?

3

저는 당신이 그와 가깝게 일하는 것을 봤어요. 어떻게 돼가요? 사람들이 말하기를 그가 협조적이라고 하던데요.

여기서 끝이 아니다!
Speed Writing Book에서 빨리 쓰기 훈련을 통해 완전히 내 것으로 소화시키세요.

4

저는 이 일에 관여하고 싶지 않아요. 왜 옛날 일을 들추고 그러세요? 그건 저와는 관계가 없어요.

writing WORK

QUESTIONing

질문 & 답변 문장 만들기

Wh- question 또는 일반의문문의 문장을 만들어 보세요. 그런 다음 그 질문에 답하는 문장을 써 보세요.

1

Q **Where** did you put the remote control?

B 내가 그걸 테이블 위에 놓았었는데. `put`

A 이리 와서 그것을 찾아볼 수 있겠니? `come over`

2

Q **Who** do you think has an advantage?

B 누구든 일찍 오는 사람. `early`

A 몇 시가 일찍인데?

3

Q **How** does it work?

B 그게 제대로 작동하지 않았어. `all right`

A 뭐라고? 뭐가 잘못된 거였니? `went wrong`

Second Hint

1
come over 이리로 오다
—
2
advantage 이점, 혜택
—
3
work 작동하다

4

Q Why do you bring up the past?

B 네가 먼저 얘기를 꺼냈잖아.　　　　　first

A 너는 왜 항상 내가 하지도 않은 일을 가지고 나한테 뭐라고 하니?　　how come • blaming • something

Second Hint

4

blame 원망하다, 탓하다

writing WORK 05

PERFECT sentence

완벽한 문장 쓰기

주어진 의문사를 사용하여 문법상 오류가 없는 완벽한 문장을 만들어 보세요.

1 Where

2 Why

3 Who

4 When

5 How

12시제 정리 1

이번 과에서는 현재 시제, 과거 시제, 미래 시제 등을 나타내는 문장을 집중적으로 훈련해 봅니다.

다음 문법 지식을 알아두면
문장을 만들 때 훨씬 쉽게 만들 수 있습니다.

TARGET GRAMMAR

현재 계열 시제 4가지 알아두기
현재형, 현재진행형, 현재완료형, 현재완료진행형
Ex. He (helps/ is helping/ has helped/ has been helping) me.

과거 계열 시제 4가지 알아두기
과거형, 과거진행형, 과거완료형, 과거완료진행형
Ex. I (waited/ was waiting/ had waited/ had been waiting) for you.

미래 계열 시제 4가지 알아두기
미래형, 미래진행형, 미래완료형, 미래완료진행형
Ex. She (will send/ will be sending/ will have sent/ will have been sending) a message.

writing WORK

SUBSTITUTION table

바꿔 쓰기

주어진 문장을 참고하여 단어를 바꿔서 새로운 문장을 만들어 보세요.

1

The world keeps changing.
세상은 계속 변해요.

도전 문장 ❶   그 꼬마들이 계속 얘기해요.   — kids

도전 문장 ❷   계속 걸어 가세요.   — walking

2

The man you met on the stairs is living on the sixth floor.
계단에서 당신이 만난 그 남자는 6층에 살고 있어요.

도전 문장 ❶   제가 엘리베이터 안에서 만났던 그 남자는 2층에 살고 있어요.   — floor

도전 문장 ❷   제가 아침에 타는 버스가 떠나고 있어요.   — leaving

3

I will be in church from two to four with my family on Sunday.
저는 일요일에는 2시부터 4시까지 가족과 함께 교회에 있을 거예요.

도전 문장 ❶   저는 방과 후 1시부터 3시까지 Jack의 집에 있을 거예요.   — after school

도전 문장 ❷   저는 10시부터 12시까지 그와 함께 도서관에 있을 거예요.   — library

Second Hint

1
kid 꼬마, 아이

2
leave 떠나다

3
church 교회
library 도서관

1

[there] [nothing] [is] [unchangeable]

The world keeps changing.

[end up] [how] [I] [it] [will] [wonder]

변하지 않는 것은 없어요.

세상은 계속 변해요.

세상이 어떻게 끝날지 궁금하네요.

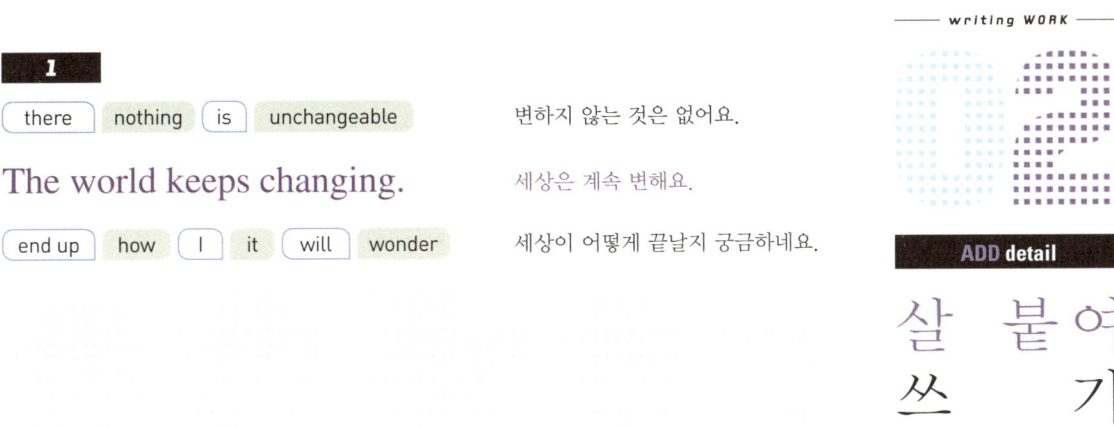

writing WORK

02

ADD detail

살 붙여 쓰기

내용상 흐름이 자연스럽게 이어지도록 주어진 문장의 앞과 뒤에 문장을 추가해 짧은 문단을 만들어 보는 순서입니다.
주어진 단어를 순서에 맞게 배열하여 완성 문장을 만들어 보세요.

2

[often] [the] [will] [see] [man] [you]

The man you met on the stairs is living on the sixth floor.

[fun] [to be] [he] [is] [with]

당신은 그 남자를 자주 보게 될 거예요.

당신이 계단에서 만난 그 남자는 6층에 살고 있어요.

그는 같이 있으면 재미있어요.

Second Hint

1
nothing 아무것도
unchangeable 변하지 않는
end up 결국 ~하게 되다

2
stair 계단

3

can | me | start | without | you

I will be in church from two to four with my family on Sunday.

after | catch up with | church | I | will | you

제가 없이 시작하셔도 돼요.

저는 일요일에는 2시부터 4시까지 가족과 함께 교회에 있을 거예요.

교회 끝나고 따라 가도록 할게요.

Second Hint

3

catch up with ~을 따라 잡다

writing WORK 03

write AGAIN
다시 쓰기

앞서 만든 짧은 문단 전체를 이어서 다시 써 보세요.

1

변하지 않는 것은 없어요. 세상은 계속 변해요. 세상이 어떻게 끝날지 궁금하네요.

2

당신은 그 남자를 자주 보게 될 거예요. 당신이 계단에서 만난 그 남자는 6층에 살고 있어요. 그는 같이 있으면 재미있어요.

3

제가 없이 시작하셔도 돼요. 저는 일요일에는 2시부터 4시까지 가족과 함께 교회에 있을 거예요. 교회 끝나고 따라 가도록 할게요.

여기서 끝이 아니다!
Speed Writing Book에서
빨리 쓰기 훈련을 통해
★완전히 내 것으로 소화시키세요.

QUESTIONing

질문 & 답변 문장 만들기

Wh- question 또는 일반의문문의 문장을 만들어 보세요. 그런 다음 그 질문에 답하는 문장을 써 보세요.

1

Q The world **keeps** changing.

B 모든 게 변하잖아요. `everything`

Q 변하지 않는 한 가지가 무엇일까? `the one thing`

2

Q The man you met on the stairs **is living** on the sixth floor.

B Bill을 말하는 거니? `mean`

Q 네가 그 사람 이름을 어떻게 알아? `name`

3

Q I **will be** in church from two to four with my family on Sunday.

B 교회 끝난 후에 뭐 할 거니? `going to`

Q 확실히 모르겠어. `for sure`

Second Hint

1
keep changing 계속해서 변하다

—

2
live 살다
mean 의미하다

—

3
for sure 확실히

writing WORK 05

PERFECT sentence

완벽한 문장 쓰기

주어진 단어를 사용하여 시제에 맞게 문법상 오류가 없는 완벽한 문장을 만들어 보세요.

1 keeps

2 is assessing

3 are manipulating

4 will be

5 will implement

Training 63 12시제 정리 1

12시제 정리 2

이번 과에서는 현재완료진행형, 과거완료진행형, 미래진행형 등 진행형 문장을 쓰기 훈련해 봅니다.

다음 문법 지식을 알아두면
문장을 만들 때 훨씬 쉽게 만들 수 있습니다.

TARGET GRAMMAR

- 현재형, 현재진행형, 현재완료형, 현재완료진행형 4가지로 문장 쓰기

  Ex. I (think/ am thinking/ have thought/ have been thinking) about you.

- 과거형, 과거진행형, 과거완료형, 과거완료진행형 4가지로 문장 쓰기

  Ex. They (recorded/ were recording/ had recorded/ had been recording) the process.

- 미래형, 미래진행형, 미래완료형, 미래완료진행형 4가지로 문장 쓰기

  Ex. I (will notify/ will be notifying/ will have notified/ will have been notifying) you.

writing WORK

01

SUBSTITUTION table

바꿔 쓰기

주어진 문장을 참고하여 단어를 바꿔서 새로운 문장을 만들어 보세요.

1

Who will be joining us?
누가 우리에게 합류할 건가요?

도전 문장 ❶ 누가 우리를 위해 요리할 건가요? `cooking`

도전 문장 ❷ 누가 우리를 배웅할 건가요? `seeing off`

2

I was forwarding the email to you then.
저는 그때 그 이메일을 당신에게 전달하고 있는 중이었어요.

도전 문장 ❶ 저는 그때 당신에게서 온 그 메시지를 읽고 있는 중이었어요. `from you`

도전 문장 ❷ 저는 그때 당신의 이메일에 답변을 하고 있는 중이었어요. `replying`

3

He has been saying the same thing over and over again.
그는 반복해서 같은 것을 말하고 있는 중이에요.

도전 문장 ❶ 그는 반복해서 같은 것을 하고 있는 중이에요. `repeatedly`

도전 문장 ❷ 그는 반복해서 다른 것들을 조사하고 있는 중이에요. `examining`

Second Hint

1
join 합류하다
cook 요리하다
see off 배웅하다

2
forward 전달하다
reply 답장하다

3
repeatedly 반복적으로
examine 조사하다

writing WORK

ADD detail

살 붙여 쓰기

내용상 흐름이 자연스럽게 이어지도록 주어진 문장의 앞과 뒤에 문장을 추가해 짧은 문단을 만들어 보는 순서입니다.

주어진 단어를 순서에 맞게 배열하여 완성 문장을 만들어 보세요.

1

`are` `how` `people` `coming` `many` — 몇 명이 오나요?

Who will be joining us? — 누가 우리에게 합류할 건가요?

`prepare` `I` `can` `well` `know` `need to` `number` `the exact` `I` `so` — 저는 정확한 숫자를 알 필요가 있어요. 그래야 준비를 잘 할 수 있거든요.

2

`an` `was` `read` `should` `email` `there` `you` — 당신이 읽어봐야 할 이메일이 있었어요.

I was forwarding the email to you then. — 저는 그때 그 이메일을 당신에게 전달하고 있는 중이었어요.

`know` `let` `what` `think` `me` `you` — 어떻게 생각하는지 알려 주세요.

Second Hint

1
prepare 준비하다
exact 정확한

3

[he] [he] [repeat] [teaches] [likes to] [things] [when]

He has been saying the same thing over and over again.

[his] [is] [memorize] [strategy] [students] [that] [to make]

그는 가르칠 때 반복하는 것을 좋아해요.

그는 (지금도) 같은 것을 반복해서 말하고 있는 중이에요.

그게 학생들이 외우도록 하는 그의 전략이거든요.

Second Hint

3
repeat 반복하다
teach 가르치다
over and over again
반복해서 계속
memorize 외우다
strategy 전략

writing WORK 03

write AGAIN
다시 쓰기

앞서 만든 짧은 문단 전체를 이어서 다시 써 보세요.

1

몇 명이 오나요? 누가 우리에게 합류할 건가요? 저는 정확한 숫자를 알 필요가 있어요. 그래야 준비를 잘 할 수 있거든요.

2

당신이 읽어봐야 할 이메일이 있었어요. 저는 그때 그 이메일을 당신에게 전달하고 있는 중이었어요. 어떻게 생각하는지 알려주세요.

3

그는 가르칠 때 반복하는 것을 좋아해요. 그는 (지금도) 같은 것을 반복해서 말하고 있는 중이에요. 그게 학생들이 외우도록 하는 그의 전략이거든요.

여기서 끝이 아니다!
Speed Writing Book에서 빨리 쓰기 훈련을 통해 ★완전히 내 것으로 소화시키세요.

writing WORK 04

QUESTIONing

질 문 & 답 변 문 장 만 들 기

Wh- question 또는 일반의문문의 문장을 만들어 보세요. 그런 다음 그 질문에 답하는 문장을 써 보세요.

1

Q Who **will be joining** us?
B Jason과 Gerry.

Q 그들이 그것에 대해 어떻게 알았지?   `about`

2

Q I **was forwarding** the email to you then.
B 그 이메일이 무엇에 관한 것이었니?   `what ~ about`

Q 그건 우리의 다음 모임에 관한 거였어.

3

Q He **has been saying** the same thing over and over again.
B 그것이 중요한가 보지.   `must be`

Q 너는 그게 우리에게 중요하다고 생각하니?   `do you`

writing WORK

05
PERFECT sentence

완 벽 한
문장 쓰기

주어진 단어를 사용하여 시제에 맞게 문법상 오류가 없는 완벽한 문장을 만들어 보세요.

1 will be -ing

2 was answering

3 is playing

4 has been promoting

5 has been accumulating

review & practice

review 앞서 써 본 문장들을 확실히 기억하고 있는지 빈칸을 채워 문장을 완성해 보세요.

1 저는 그녀를 사랑했어요.
I _____.

2 그녀가 그것을 알아요.
She _____.

3 당신은 그렇게 많이 먹었어요?
Did _____?

4 그가 그렇게 많이 배웠어요?
Did _____?

5 물론 그것은 줄지 않아요.
Of course, _____.

6 당신은 그를 어디서 봤어요?
Where _____?

7 당신은 어디에 가기를 원해요?
Where _____?

8 누가 그것을 사용했다고 생각해요?
Who _____?

9 그녀가 그것을 어떻게 배워요?
How _____?

review

10 그가 그것을 어떻게 해요?
How ?

11 왜 그들이 테이블 주위에 모였어요?
Why ?

12 그 꼬마들이 계속 얘기해요.
The kids .

13 제가 아침에 타는 버스가 떠나고 있어요.
The bus .

14 저는 방과 후 1시부터 3시까지 Jack의 집에 있을 거예요.
I .

15 저는 10시부터 12시까지 그와 함께 도서관에 있을 거예요.
I .

16 누가 우리를 배웅하나요?
Who ?

17 저는 그때 당신의 이메일에 답변을 하고 있는 중이었어요.
I .

18 그는 반복해서 다른 것들을 조사하고 있는 중이에요.
He .

review & practice

practice 앞에서 배운 문장 구조를 토대로 주어진 서술형 과제를 완성해 보세요.

서 술 하 기 Description & Narration

A 다음 질문에 답해 보세요.

Outdoor Activities

Volleyball, Basketball, Baseball, River Rafting, Bungee Jumping, Hiking, Scuba Diving, Swimming, Golfing, Lawn Tennis, Team Games, Nature Walk, Cycling, Surfing, Horse Riding, Boating, Fishing, Pet Training, Museum Visit, Photography

1 What activities have you tried so far? Choose three among the activities.

2 What is your favorite?

3 When did you try?

4 Why do you like the activity?

B Write a paragraph: *1~4* 의 답변 문장을 모아서 한 단락을 만들어 보세요.

1
2
3
4

1. did love her
2. does know it
3. you eat so much
4. he learn so much
5. it doesn't shrink
6. did you see him
7. do you like to go
8. do you think used it
9. does she learn it
10. does he do it
11. did they gather around the table
12. keep talking
13. I take in the morning is leaving
14. will be in Jack's house from one to three after school
15. will be in the library with him from ten to twelve
16. will be seeing us off
17. was replying to your email then
18. has been examining different things over and over again

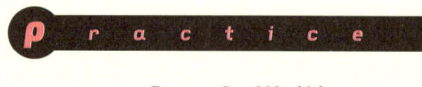

Sample Writing:

A
1. I have gone bungee jumping, scuba diving and surfing.
2. Bungee jumping was my favorite activity.
3. I went bungee jumping a year ago when I was on vacation. At that time, I also tried surfing with my friend.
4. I liked bungee jumping because I am a very adventurous person. It helped me overcome my fear of heights.

B Write a paragraph
I have gone bungee jumping, scuba diving and surfing. Bungee jumping was my favorite activity. I went bungee jumping a year ago when I was on vacation. At that time, I also tried surfing with my friend. I liked bungee jumping because I am a very adventurous person. It helped me overcome my fear of heights.

Training 66

양 나타내기

이번 과에서는 셀 수 있는 명사와 셀 수 없는 명사 앞에 양을 나타내는 표현을 써서 문장을 만드는 훈련을 해 봅니다.

다음 문법 지식을 알아두면
문장을 만들 때 훨씬 쉽게 만들 수 있습니다.

TARGET GRAMMAR

- There is ~ /There are ~: '~이 있다' 또는 '~이 없다'고 말할 때 사용한다.

    Ex. There is some money. 돈이 좀 있어요.
    There is no money. 돈이 없어요.
    There are some people. 사람들이 좀 있어요.
    There are no people. 사람들이 없어요.

- 셀 수 있는 명사 앞에 써서 양을 나타내는 표현: some, a few, several, a couple of, many, a number of, plenty of, a lot of, most, almost all, all

- 셀 수 없는 명사 앞에 써서 양을 나타내는 표현: some, a little, much, a great[good] deal of

writing WORK

SUBSTITUTION table
바꿔 쓰기

주어진 문장을 참고하여 단어를 바꿔서 새로운 문장을 만들어 보세요.

1

Believe it or not, a significant number of people still believe in its existence.

믿거나 말거나, 상당수의 사람들이 여전히 그것의 존재를 믿고 있어요.

도전 문장 ❶ 믿거나 말거나, 많은 수의 사람들이 여전히 그것이 존재한다고 생각해요.　　`think • exists`

도전 문장 ❷ 믿거나 말거나, 상당수의 현지인들은 그 돌이 특별한 힘을 갖고 있다고 주장해요.　　`the local people • insist`

2

We are expecting much rain this afternoon.

우리는 오늘 오후에 많은 비를 예상하고 있어요.

도전 문장 ❶ 저는 이 파티에 많은 음식이 나올 거라고 기대하고 있었어요.　　`food`

도전 문장 ❷ 우리는 오늘밤 많은 눈을 예상하고 있어요.　　`anticipating`

Second Hint

1
believe 믿다
a significant number of 상당수의
existence 존재
insist 고집하다, 주장하다

2
expect 예상하다
anticipate 예상하다

3

Almost all the seats were reserved.
거의 모든 자리가 예약되었어요.

도전 문장 ❶ 거의 모든 부분이 고쳐졌어요.　　　　`repaired`

도전 문장 ❷ 거의 모든 전화가 통화 중이에요.　　　　`lines • busy`

---

writing WORK

01

SUBSTITUTION table

Second Hint

3
almost 거의
reserve 예약하다
repair 수리하다
the line is busy 전화가 통화 중이다

writing WORK

ADD detail

살 붙여 쓰기

내용상 흐름이 자연스럽게 이어지도록 주어진 문장의 앞과 뒤에 문장을 추가해 짧은 문단을 만들어 보는 순서입니다.
주어진 단어를 순서에 맞게 배열하여 완성 문장을 만들어 보세요.

1

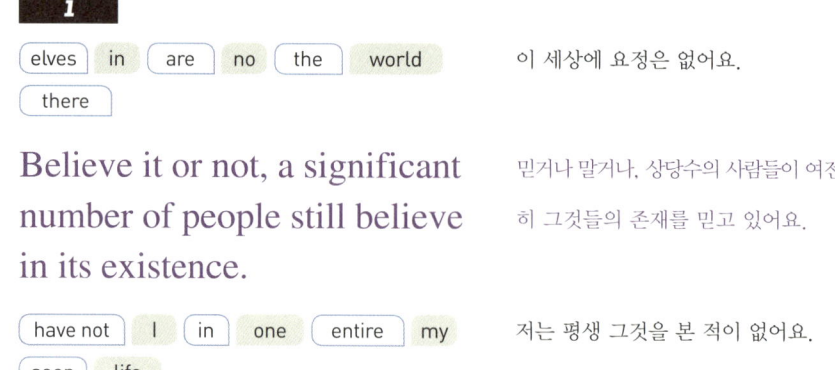

elves / in / are / no / the / world / there

이 세상에 요정은 없어요.

Believe it or not, a significant number of people still believe in its existence.

믿거나 말거나, 상당수의 사람들이 여전히 그것들의 존재를 믿고 있어요.

have not / I / in / one / entire / my / seen / life

저는 평생 그것을 본 적이 없어요.

2

better / had / inside / stay / we

우리는 실내에 머무는 게 좋겠어요.

We are expecting much rain this afternoon.

우리는 오늘 오후에 많은 비를 예상하고 있어요.

coming / the / is / season / think / I / rainy

제 생각에 장마철이 오고 있는 것 같아요.

Second Hint

1
elf 요정(*pl.* elves)
exist 존재하다

—

2
season 계절

writing WORK

02

ADD detail

3

[trying to] [a] [am] [I] [on] [reservation] [make] [the reservation site]

저는 예약 사이트에서 예약을 하려고 애쓰고 있어요.

Almost all the seats were reserved.

거의 모든 자리가 예약되었어요.

[one] [seats] [in the back] [in the front] [a few] [and] [seat] [are] [left]

앞쪽에 자리 몇 개, 그리고 뒤쪽에 자리 하나가 남아 있어요.

Second Hint

3
front ~의 앞쪽, ~의 앞면

write AGAIN
다시 쓰기

앞서 만든 짧은 문단 전체를 이어서 다시 써 보세요.

1

이 세상에 요정은 없어요. 믿거나 말거나 상당수의 사람들이 여전히 그것들의 존재를 믿고 있어요. 저는 평생 그것을 본 적이 없어요.

2

우리는 실내에 머무는 게 좋겠어요. 우리는 오늘 오후에 많은 비를 예상하고 있어요. 제 생각에 장마철이 오고 있는 것 같아요.

3

저는 예약 사이트에서 예약을 하려고 애쓰고 있어요. 거의 모든 자리가 예약되었어요. 앞쪽에 자리 몇 개, 그리고 뒤쪽에 자리 하나가 남아 있어요.

여기서 끝이 아니다!
Speed Writing Book에서
빨리 쓰기 훈련을 통해
★ 완전히 내 것으로 소화시키세요.

writing WORK

QUESTIONing

질문 & 답변 문장 만들기

Wh- question 또는 일반의문문의 문장을 만들어 보세요. 그런 다음 그 질문에 답하는 문장을 써 보세요.

1

A Believe it or not, **a significant number of** people still believe in its existence.

B 난 믿어.

A 뭐라고? 너 정말로 그걸 믿는단 말야?   `what`

2

A We are expecting **much** rain this afternoon.

B 비가 올 것 같지가 않은데.   `look like`

A 너 우산이나 우비 가지고 있니?   `raincoat`

3

A **Almost all** the seats were reserved.

B 그럼, 우린 어떻게 해야 될까?   `then • going to`

A 다음 것(자리)을 기다리자.   `wait for • next`

Second Hint

2
look like ~처럼 보이다
raincoat 우비

3
wait for ~을 기다리다

writing WORK

PERFECT sentence
완벽한 문장 쓰기

'수량 형용사'를 사용하여 문법상 오류가 없는 완벽한 문장을 만들어 보세요.

1 a couple of

2 plenty of

3 a little

4 not much

5 a great deal of

부정대명사

이번 과에서는 정해지지 않은 사람, 물건, 장소를 지칭할 때 사용하는 부정대명사 something, nothing, someone, no one 등을 활용하여 문장을 만드는 훈련을 해 봅니다.

다음 문법 지식을 알아두면
문장을 만들 때 훨씬 쉽게 만들 수 있습니다.

TARGET GRAMMAR

somebody   낯선 사람이나 막연히 아는 누군가를 지칭할 때 많이 쓴다.
           Ex. I know **somebody** ideal for this job.
               저는 이 일에 이상적인 **누군가**를 알아요. (뉘앙스: 단순히 아는 사람)

someone   친근한 사람을 지칭하는 느낌이 강하다.
           Ex. I know **someone** ideal for this job.
               저는 이 일에 이상적인 **누군가**를 알아요. (뉘앙스: 가까운 사이인 사람)

writing WORK 01

SUBSTITUTION table

바꿔 쓰기

주어진 문장을 참고하여 단어를 바꿔서 새로운 문장을 만들어 보세요.

1

There is nothing better than this.
이것보다 더 좋은 것은 없어요.

도전 문장 ❶ 더운 날에 아이스크림보다 더 좋은 것은 없어요.　　`a hot day`

도전 문장 ❷ 나머지보다 더 좋은 뭔가가 있어요.　　`the rest`

2

The man has such a nice voice that everyone likes to hear it.
그 남자는 아주 멋진 목소리를 가지고 있어 모두가 그것을 듣는 걸 좋아해요.

도전 문장 ❶ 그는 아주 좋은 매너를 가지고 있어 모두가 그와 함께 있는 것을 좋아해요.　　`to be with`

도전 문장 ❷ 저는 아주 감동적인 말을 들어서 절대 잊을 수가 없었어요.　　`impressive words • never`

Second Hint

1
the rest 나머지

2
voice 음성
impressive 감동적인

writing WORK 01
SUBSTITUTION table

3

No one knows the reason why this doesn't work.
아무도 왜 이것이 작동하지 않는지 그 이유를 몰라요.

도전 문장 ❶ 아무도 그녀가 왜 돌아오는지 그 이유를 몰라요.   `returns`

도전 문장 ❷ 아무도 왜 사람들이 조용히 있는지 그 이유를 몰랐어요.   `kept silent`

Second Hint

3
return 돌아오다
keep silent 침묵을 지키다

Training 67 부정대명사

writing WORK 02

ADD detail

살 붙여 쓰기

내용상 흐름이 자연스럽게 이어지도록 주어진 문장의 앞과 뒤에 문장을 추가해 짧은 문단을 만들어 보는 순서입니다.
주어진 단어를 순서에 맞게 배열하여 완성 문장을 만들어 보세요.

1

`been` `have` `I` `this` `using` 저는 이것을 (내내) 사용하고 있어요.

There is nothing better than it. 그것보다 더 좋은 것은 없어요.

`don't` `I` `recommend` `to` `hesitate` `it` 망설이지 않고 그것을 추천해요.

2

`a presentation` `give` `have` `him` `should` `we` 우리는 그에게 발표를 시켜야 돼요.

The man has such a nice voice that everyone likes to hear it. 그 남자는 워낙 멋진 목소리를 가지고 있어 모두가 그것을 듣는 걸 좋아해요.

`he` `pay` `to` `says` `what` `attention` `people` 사람들이 그가 말하는 것에 집중한다니까요.

Second Hint

1
hesitate 망설이다
recommend 추천하다

—

2
presentation 프레젠테이션, 발표
attention 관심, 주의 집중

3

No one knows the reason why this doesn't work.

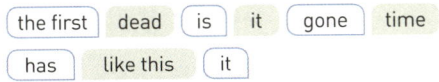

그게 일주일째 이런 상태로 있어요.

아무도 왜 이것이 작동하지 않는지 그 이유를 몰라요.

그것이 이렇게 먹통이 된 건 처음이에요.

Second Hint

3
reason 이유
dead 작동을 안 하는
the first time 처음

write AGAIN
다시 쓰기

앞서 만든 짧은 문단 전체를 이어서 다시 써 보세요.

1

저는 이것을 (내내) 사용하고 있어요. 그것보다 더 좋은 것은 없어요. 망설이지 않고 그것을 추천해요.

2

우리는 그에게 발표를 시켜야 해요. 그 남자는 워낙 멋진 목소리를 가지고 있어 모두가 그것을 듣는 걸 좋아해요. 사람들이 그가 말하는 것에 집중한다니까요.

3

그게 일주일째 이런 상태로 있어요. 아무도 왜 이것이 작동하지 않는지 그 이유를 몰라요. 그것이 이렇게 먹통이 된 건 처음이에요.

여기서 끝이 아니다!
Speed Writing Book에서
빨리 쓰기 훈련을 통해
★ 완전히 내 것으로 소화시키세요.

writing WORK 04

QUESTIONing

질문 & 답변 문장 만들기

Wh- question 또는 일반의문문의 문장을 만들어 보세요. 그런 다음 그 질문에 답하는 문장을 써 보세요.

1

Q There is **nothing** better than it.

B 다들 그렇게 말해. `that's what`

Q 내가 더 많이 가지고 있으면 좋겠어. `wish`

2

Q The man has such a nice voice that **everyone** likes to hear it.

B 너 누구에 대해 얘기하고 있는 거니? `talk about`

Q 난 James에 대해 얘기하고 있는 거야.

3

Q **No one** knows the reason why this doesn't work.

B 아마 우리는 그것을 정비사에게 가져갈 필요가 있겠어. `maybe • mechanic`

Q 넌 그가 그것을 고칠 수 있을 거라고 생각하니? `fix`

Second Hint

1
wish 희망하다

3
maybe 아마
mechanic 정비사, 수리공
fix 고치다

writing WORK

05

PERFECT sentence

완 벽 한
문장 쓰기

'부정대명사'를 사용하여 문법상 오류가 없는 완벽한 문장을 만들어 보세요.

1. someone

2. anybody

3. nobody

4. nothing

5. everyone

review & practice

review 앞서 써 본 문장들을 확실히 기억하고 있는지 빈칸을 채워 문장을 완성해 보세요.

1 믿거나 말거나, 많은 수의 사람들이 여전히 그것이 존재한다고 생각해요.

Believe it _____.

2 믿거나 말거나, 상당수의 현지인들은 그 돌이 특별한 힘을 갖고 있다고 주장해요.

Believe it _____.

3 저는 이 파티에 많은 음식이 나올 거라고 기대하고 있었어요.

I _____.

4 우리는 오늘밤 많은 눈을 예상하고 있어요.

We _____.

5 거의 모든 자리가 예약되었어요.

Almost _____.

6 거의 모든 부분이 고쳐졌어요.

Almost _____.

7 거의 모든 전화가 통화 중이에요.

Almost _____.

8 이것보다 더 좋은 것은 없어요.

There is _____.

review

9 더운 날에 아이스크림보다 더 좋은 것은 없어요.

There is   .

10 나머지보다 더 좋은 뭔가가 있어요.

There is   .

11 그는 아주 좋은 매너를 가지고 있어 모두가 그와 함께 있는 것을 좋아해요.

He   .

12 저는 아주 감동적인 말을 들어서 절대 잊을 수가 없었어요.

I heard   .

13 아무도 왜 이것이 작동하지 않는지 그 이유를 몰라요.

No one   .

14 아무도 그녀가 왜 돌아오는지 그 이유를 몰라요.

No one   .

15 아무도 왜 사람들이 조용히 있었는지 그 이유를 몰랐어요.

                                                   people kept silent.

review & practice

practice
앞에서 배운 문장 구조를 토대로 주어진 서술형 과제를 완성해 보세요.

서 술 하 기 Description & Narration

각각의 인물이 도착 지점(HERE)까지 갈 수 있는 방법을 설명해 보세요. 각 인물의 이름을 문장의 주어로 사용하세요.

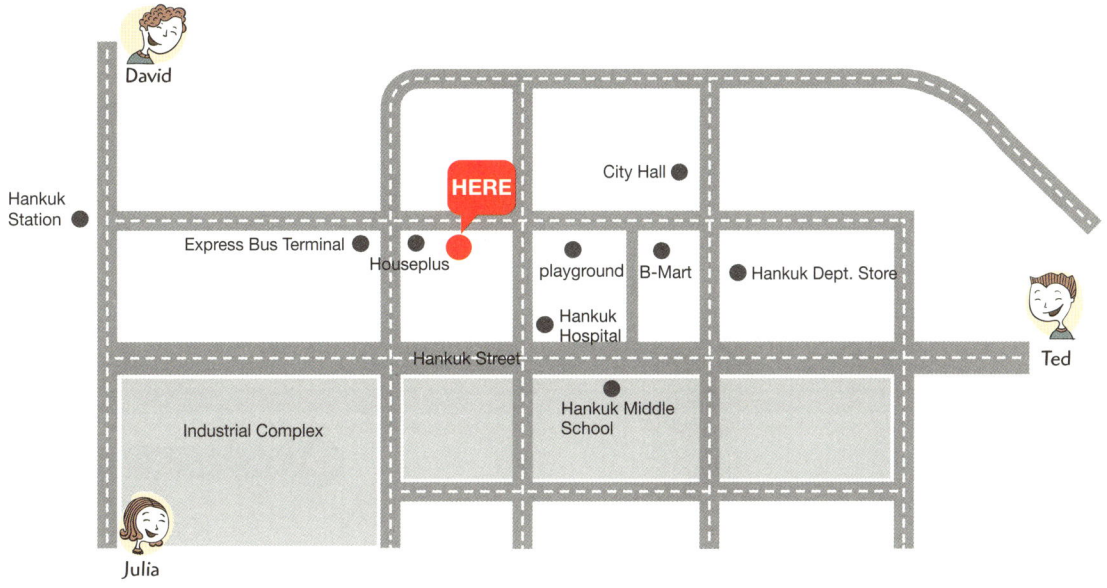

David:

Ted:

Julia:

1. or not, a great number of people still think it exists
2. or not, a significant number of local people insist the stone has a special power
3. was expecting much food in this party
4. are anticipating much snow tonight
5. all the seats were reserved
6. all the parts were repaired
7. all the lines are busy
8. nothing better than this
9. nothing better than ice cream on a hot day
10. something better than the rest
11. has such a nice manner that everyone likes to be with him
12. such impressive words that I never forgot them
13. knows the reason why this doesn't work
14. knows the reason why she returns
15. No one knew the reason why

Sample Writing:

David:
David should go straight until he sees Hankuk Station. He should turn left. He will see the Express Bus Terminal on his right at the first intersection. He should cross the street to Houseplus. HERE will be right next to Houseplus.

Ted:
Ted should go straight to the third intersection. Then he should turn right at Hankuk Hospital. After that, he should go north and turn left at the intersection. He can find HERE on his left in the middle of the block.

Julia:
Julia should go straight up two blocks and turn right when she sees Hankuk station across the street. She should go straight until she finds Houseplus on her right. She can find HERE right next to Houseplus.

전환구를 사용해서 문장 쓰기

이번 과에서는 단락과 단락을 자연스럽게 연결하거나 전환시키는 전환구(transitional words)를 사용하여 문장을 만드는 훈련을 해 봅니다.

다음 문법 지식을 알아두면
문장을 만들 때 훨씬 쉽게 만들 수 있습니다.

TARGET GRAMMAR

transition words 문장과 문장, 단락과 단락을 자연스럽게 연결하거나 전환시키기 위해 사용하는 단어들

Ex. I am tired. **In addition**, I have a fever.
저는 피곤해요. **게다가**, 열도 있어요.

There are many important things for us. **For example**, we need a close friend, a proper job, and a secure house to live in.
우리에겐 많은 중요한 것들이 있어요. **예를 들어서**, 우리는 가까운 친구도 필요하고, 적당한 직업도 필요하고, 살 수 있는 안전한 집도 필요해요.

He works in the restaurant in the morning, studies at school in the afternoon, and keeps his job as a part-time tutor. **In other words**, he is very busy.
그는 아침에 식당에서 일하고, 오후에는 학교에서 공부하고, 파트타임 교사로 일도 합니다. **다시 말하자면**, 그는 매우 바빠요.

writing WORK

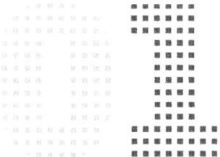

SUBSTITUTION table

바꿔 쓰기

주어진 문장을 참고하여 단어를 바꿔서 새로운 문장을 만들어 보세요.

1

All things considered, the race between nations over the development of resources will continue.

모든 것을 고려해 볼 때, 자원 개발에 대한 국가들 간의 경쟁은 계속될 거예요.

도전 문장 ❶ 모든 것을 고려해 볼 때, 그와 저 사이의 경쟁은 계속될 거예요. `competition`

도전 문장 ❷ 모든 것을 고려해 볼 때, 우리들 사이의 우정은 이 일 이후로 더 커질 거예요. `friendship`

2

On the other hand, students given tips performed better on this test.

다른 한편으로, (작은) 정보라도 얻은 학생들은 이 시험을 더 잘 봤어요.

도전 문장 ❶ 다른 한편으로, 다량의 비타민 C를 복용하는 사람들이 더 오래 살아요. `a large amount of`

도전 문장 ❷ 다른 한편으로, 수업을 복습하는 학생들이 이 시험을 더 잘 봐요. `reviewing`

Second Hint

1
nation 국가, 나라
resource 자원
competition 경쟁
continue 계속하다, 지속하다
friendship 우정

2
on the other hand 다른 한편으로
tip 팁, 유용한 정보
perform 수행하다, 성취하다
a large amount of 다량의
review 복습하다

3

As an illustration, a movie star, Lee, is so famous that people recognize him wherever he goes.

예를 들어서, 영화배우 Lee는 아주 유명해서 어디에 가든 사람들이 그를 알아보죠.

writing WORK
01
SUBSTITUTION table

도전 문장 ❶ 예를 들어서, 소문은 워낙 관심을 끌어서 그것은 마치 산불처럼 퍼져가요.

gossip • appealing • a wildfire

도전 문장 ❷ 예를 들어서, 사막에선 물이 귀해서 사람들이 유목 생활을 하는 거예요.

scarce • nomadic

Second Hint

3
illustration 실례
famous 유명한
recognize 알아보다
wherever 어디든지
gossip 소문, 가십
appealing 매력적인, 흥미로운
wildfire 산불
scarce 드문
nomadic 유목의

Training **69** 전환구를 사용해서 문장 쓰기

writing WORK 02

ADD detail

살 붙여 쓰기

내용상 흐름이 자연스럽게 이어지도록 주어진 문장의 앞과 뒤에 문장을 추가해 짧은 문단을 만들어 보는 순서입니다.
주어진 단어를 순서에 맞게 배열하여 완성 문장을 만들어 보세요.

Second Hint

1
national 국가의
natural resources 천연 자원
race 경기, 경쟁
gradually 점차
solar energy 태양 에너지
valuable 가치 있는
wind power 풍력
—
2
half 절반
score 점수
difference 차이

1

[is] [as] [competitiveness] [national] [natural]
[resources] [the amount of] [regarded]

천연 자원의 양이 국가 경쟁력으로 여겨지고 있어요.

All things considered, the race between nations over the development of resources will continue.

모든 것을 고려해 볼 때, 자원 개발에 대한 국가들 간의 경쟁은 계속 될 거예요.

[and] [become] [gradually] [solar energy]
[more valuable] [will] [wind power]

태양 에너지와 풍력이 점차 가치가 높아지게 될 거예요.

2

[below 70%] [had] [half of] [more than]
[scores] [the students]

절반 이상의 학생들이 70% 이하의 성적을 받았어요.

On the other hand, students given tips performed better on this test.

다른 한편으로, (작은) 정보라도 얻은 학생들은 이 시험을 더 잘 봤어요.

[a big] [can] [difference] [even] [make]
[small tips]

작은 정보라도 큰 차이를 만들 수 있다니까요.

3

`a well-known` `being` `could` `damage` `his/her` `life` `person` `private`

유명인이 된다는 것은 개인의 사생활에 피해를 줄 수 있어요.

As an illustration, a movie star, Lee is so famous that people recognize him wherever he goes.

예를 들어, 영화배우 Lee는 워낙 유명해서 어디에 가든 사람들이 그를 알아보죠.

`every` `he` `makes` `movement` `people` `watch`

사람들은 그가 하는 모든 움직임을 지켜보거든요.

Second Hint

3
well-known 잘 알려진
damage 피해
private 개인적인, 사적인
movement 움직임

writing WORK 03

write AGAIN
다시 쓰기

앞서 만든 짧은 문단 전체를 이어서 다시 써 보세요.

1

천연 자원의 양이 국가 경쟁력으로 여겨지고 있어요. 모든 것을 고려해 볼 때, 자원 개발에 대한 국가들 간의 경쟁은 계속될 거예요. 태양 에너지와 풍력이 점차 가치가 높아지게 될 거예요.

2

절반 이상의 학생들이 70% 이하의 성적을 받았어요. 다른 한편으로, (작은) 정보라도 얻은 학생들은 이 시험을 더 잘 봤어요. 작은 정보라도 큰 차이를 만들 수 있다니까요.

여기서 끝이 아니다!
Speed Writing Book에서
빨리 쓰기 훈련을 통해
★ 완전히 내 것으로 소화시키세요.

3

유명인이 된다는 것은 개인의 사생활에 피해를 줄 수 있어요. 예를 들어, 영화배우 Lee는 워낙 유명해서 어디에 가든 사람들이 그를 알아보죠. 사람들은 그가 하는 모든 움직임을 지켜보거든요.

writing WORK

QUESTIONing

질문 & 답변 문장 만들기

Wh- question 또는 일반의문문의 문장을 만들어 보세요. 그런 다음 그 질문에 답하는 문장을 써 보세요.

1

Q **All things considered**, the race between nations over the development of resources will continue.

B 선도하고 있는 국가가 어디니? — leading

A 미국과 러시아가 로켓 과학 분야에서 선도하고 있지. — rocket science

2

Q **On the other hand**, students given tips performed better on this test.

B 그들이 얼마나 더 잘 봤는데? — how much better

A 평균보다 훨씬 더. — far better

3

Q **As an illustration**, a movie star, Lee is so famous that people recognize him wherever he goes.

B 무엇이 그를 그렇게 유명하게 만드니? — makes

A 그는 좋은 연기자야. — good actor

Second Hint

1
lead 앞장서서 지휘하다

2
far 훨씬

writing WORK

05

PERFECT sentence

완벽한 문장 쓰기

'전환구(transitional words)'를 사용하여 문법상 오류가 없는 완벽한 문장을 만들어 보세요.

1 Furthermore

2 To put it differently

3 Similarly

4 With attention to

5 For this reason

Training 69 전환구를 사용해서 문장 쓰기

Training 70 훈련

5형식 정리

이번 과에서는 '주어+동사+목적어+목적격 보어'의 어순을 가진 5형식 문장 쓰기를 훈련해 봅니다.

다음 문법 지식을 알아두면
문장을 만들 때 훨씬 쉽게 만들 수 있습니다.

TARGET GRAMMAR

5형식   5형식 문장에서는 다음 순서를 기억해 두도록 한다.

주어 – 동사 – 목적어 – 목적격 보어

Ex. It **makes me happy**. 그것은 저를 행복하게 만들어요.
     It **makes me a happy person**. 그것은 저를 행복한 사람으로 만들어요.

목적격 보어   5형식 문장의 목적격 보어 자리에는 명사, 형용사, 분사, to부정사, 동사원형을 쓸 수 있다.

Ex. I saw the kid **crying**. 저는 그 아이가 우는 걸 봤어요. (현재분사)
     I want you **to come** here. 당신이 이리 **와 주면** 좋겠어요. (to부정사)
     His music makes me **dance**. 그의 음악은 저를 **춤추게** 해요. (동사원형)

writing WORK 01

SUBSTITUTION table

바꿔 쓰기

주어진 문장을 참고하여 단어를 바꿔서 새로운 문장을 만들어 보세요.

1

He heard someone knocking on the door in the middle of the night.

그는 한밤중에 누군가 문을 두드리는 소리를 들었어요.

도전 문장 ❶ 그는 한밤중에 무언가 창밖에서 움직이는 것을 느꼈어요. `felt`

도전 문장 ❷ 그는 한낮에 그의 친구가 집으로 돌아가는 것을 봤어요. `going back`

2

Did you ask her to come quickly?

그녀에게 빨리 오라고 부탁했어요?

도전 문장 ❶ 제가 그것을 일찍 끝내기를 기대했어요? `expect`

도전 문장 ❷ 당신의 개가 그 문을 열 수 있도록 훈련시켰어요? `open`

3

Can you finish it in three days?
I want this done by this Friday.

그것을 3일 안에 끝낼 수 있겠어요? 저는 그게 이번주 금요일까지 끝났으면 해요.

도전 문장 ❶ 그것을 내일까지 고칠 수 있겠어요? 저는 이것이 내일까지 고쳐졌으면 해요. `fix`

도전 문장 ❷ 그것을 선물 포장해 주실 수 있을까요? 저는 이것이 포장됐으면 해요. `wrapped`

Second Hint

1
knock on the door 노크하다

2
rest 쉬다
complete 완전한
peace 평화
spill 쏟은 것

3
finish 마치다, 끝내다
wrap 포장하다

79
Training 70 5형식 정리

writing WORK

ADD detail

살 붙여 쓰기

내용상 흐름이 자연스럽게 이어지도록 주어진 문장의 앞과 뒤에 문장을 추가해 짧은 문단을 만들어 보는 순서입니다.
주어진 단어를 순서에 맞게 배열하여 완성 문장을 만들어 보세요.

1

(a sofa) (and) (he) (on) (TV)
(was sitting) (watching)

그는 소파에 앉아서 TV를 보고 있는 중이었어요.

He heard someone knocking on the door in the middle of the night.

그는 한밤중에 누군가 문을 두드리는 소리를 들었어요.

(Harry) (he) (it) (living) (thought)
(next door) (was)

그는 그게 옆집에 사는 Harry인 줄 알았어요.

2

(so) (her) (took) (what) (long)

그녀가 왜 이렇게 오래 걸리죠?

Did you ask her to come quickly?

그녀에게 빨리 오라고 부탁했어요?

(twice) (I) (her) (asked) (and)
(left) (I) (even) (a note)

제가 두 번이나 물어봤고 심지어 메모까지 남겼어요.

Second Hint

1
sofa 소파

—

2
at least 적어도

writing WORK

ADD detail

3

[have] [service] [heard] [I]
[rapid] [you] [that]

저는 당신이 속성 서비스를 한다고 들었어요.

Can you finish it in three days? I want this done by this Friday.

당신은 그것을 3일 안에 끝낼 수 있겠어요? 저는 이게 금요일까지 끝났으면 하는데요.

[the faster] [finish] [I] [it] [like]
[the more] [it] [you] [will]

당신이 그것을 빨리 끝내면 끝낼수록 저는 더 좋아요.

Second Hint

3
rapid 빠른, 고속의
faster 더 빨리

writing WORK

write AGAIN

다시 쓰기

앞서 만든 짧은 문단 전체를 이어서 다시 써 보세요.

1

그는 소파에 앉아서 TV를 보고 있는 중이었어요. 그는 한밤중에 누군가 문을 두드리는 소리를 들었어요. 그는 그게 옆집에 사는 Harry인 줄 알았어요.

2

그녀가 왜 이렇게 오래 걸리죠? 그녀에게 빨리 오라고 부탁했어요? 제가 두 번이나 물어봤고 심지어 메모까지 남겼어요.

3

저는 당신이 속성 서비스를 한다고 들었어요. 당신은 그것을 3일 안에 끝낼 수 있겠어요? 저는 이게 금요일까지 끝났으면 하는데요. 당신이 그것을 빨리 끝내면 끝낼수록 저는 더 좋아요.

여기서 끝이 아니다!
Speed Writing Book에서
빨리 쓰기 훈련을 통해
*완전히 내 것으로 소화시키세요.

04 QUESTIONing

질문 & 답변 문장 만들기

Wh- question 또는 일반의문문의 문장을 만들어 보세요. 그런 다음 그 질문에 답하는 문장을 써 보세요.

1

Q He heard someone knocking on the door in the middle of the night.

B 누가 문을 두드리고 있었는데? `knocking`

A 옆집에 사는 그의 이웃. `next door`

2

Q Did you ask her to come quickly?

B 아니, 아직. 나는 네가 한 줄 알았는데.

Q 왜 너는 항상 너의 일을 미루니? `put off`

3

Q Can you finish it in three days? I want this done by this Friday.

B 응, 할 수 있어. `that`

Q 내가 전화를 해야 하니, 아니면 그게 끝났을 때 네가 전화할 거니? `finished`

Second Hint

1
next door 옆집에

2
lock 잠그다

3
call 전화하다

Training 71 훈련

4형식 정리

이번 과에서는 '주어+동사+간접 목적어+직접 목적어'의 어순을 가진 4형식 문장을 쓰기 훈련해 봅니다.

다음 문법 지식을 알아두면
문장을 만들 때 훨씬 쉽게 만들 수 있습니다.

TARGET GRAMMAR

4형식
[4형식 문장] 4형식 문장은 다음 순서를 기억해 두도록 한다.
주어 – 동사 – 간접 목적어 – 직접 목적어
Ex. God gave me a chance. 신은 저에게 기회를 주었어요.

[3형식 문장] 주어 – 동사 – 직접 목적어 – 전치사 – 간접 목적어
Ex. God gave a chance to me. 신은 저에게 기회를 주었어요.

writing WORK

SUBSTITUTION table

바꿔 쓰기

주어진 문장을 참고하여 단어를 바꿔서 새로운 문장을 만들어 보세요.

1

He told me the problem that you talked so much in your sleep that he couldn't sleep.

그는 당신이 자면서 잠꼬대를 너무 많이 해서 잠을 잘 수가 없었던 문제를 제게 말했어요.

도전 문장 ❶ 그는 우리가 알고 있어야 하는 기능을 우리에게 말해줬어요. `function`

도전 문장 ❷ 그녀는 제가 알 필요가 있는 모든 것을 저에게 말해줬어요. `need to`

2

You don't have to **send them notifications** every week. Just once a month is enough.

당신이 그들에게 매주 공지 사항을 보낼 필요는 없어요. 한 달에 단 한번이면 충분해요.

도전 문장 ❶ 저는 그에게 그 변경 사항을 보낼 필요가 없었어요. 그는 이미 알고 있었거든요. `changes`

도전 문장 ❷ 저에게 누군가를 당장 보내주셔야겠어요. 그냥 한 명이면 충분해요. `have to`

Second Hint

1
function 기능

—

2
notification 공지, 알림

3

I asked her a simple question so that she could start with no pressure.

저는 그녀에게 간단한 질문을 했어요. 그래서 그녀가 부담 없이 시작할 수 있게요.

도전 문장 ❶ 그는 저에게 지름길을 물어봤어요. 그래서 그가 시간을 아낄 수 있게요.

shortcut • save

도전 문장 ❷ 당신은 저에게 어려운 질문을 했어요. 그래서 제가 답변할 수 없게끔 말이에요.

tough • couldn't

Second Hint

3
pressure 압력, 압박감
tough 어려운

writing WORK

ADD detail

살 붙여 쓰기

내용상 흐름이 자연스럽게 이어지도록 주어진 문장의 앞과 뒤에 문장을 추가해 짧은 문단을 만들어 보는 순서입니다.
주어진 단어를 순서에 맞게 배열하여 완성 문장을 만들어 보세요.

1

[bedrooms] [separate] [use] [you two] [should]

당신 둘은 다른 방을 써야 되겠어요.

He told me the problem that you talked so much in your sleep that he couldn't sleep deeply.

그는 당신이 자면서 잠꼬대를 너무 많이 해서 잠을 푹 잘 수가 없었던 문제를 제게 말했어요.

[he] [me] [tell] [this] [to] [wants] [you]

그가 당신한테 이걸 말해 달라고 했어요.

2

[for] [is] [it] [necessary] [that] [to do] [you] [not]

당신이 그런 일을 할 필요까지는 없어요.

You don't have to send them notifications every week. Just once a month is enough.

당신이 그들에게 매주 공지 사항을 보낼 필요는 없어요. 한 달에 단 한 번이면 충분해요.

[can] [do] [it] [let] [or] [people] [you] [other]

아니면 당신이 다른 사람들에게 그것을 하게 할 수도 있어요.

Second Hint

1
separate 분리된, 별도의
deeply 깊이

—

2
necessary 필요한
send 보내다

3

(easy) (her) (I) (on) (to be) (wanted)

I asked her a simple question so that she could start with no pressure.

(after) (went) (everything) (all right) (that)

저는 그녀에게 잘 대해주고 싶었어요.

저는 그녀에게 간단한 질문을 했어요. 그래서 그녀가 부담 없이 시작할 수 있게요.

그 뒤로, 모든 게 잘됐죠.

write AGAIN
다시 쓰기

앞서 만든 짧은 문단 전체를 이어서 다시 써 보세요.

1

당신 둘은 다른 방을 써야 되겠어요. 그는 당신이 자면서 잠꼬대를 너무 많이 해서 잠을 푹 잘 수가 없었던 문제를 제게 말했어요. 그가 당신한테 이걸 말해 달라고 했어요.

2

당신이 그런 일을 할 필요까지는 없어요. 당신이 그들에게 매주 공지 사항을 보낼 필요는 없어요. 한 달에 단 한 번이면 충분해요. 아니면 당신이 다른 사람들에게 그것을 하게 할 수도 있어요.

3

저는 그녀에게 대해 주고 싶었어요. 저는 그녀에게 간단한 질문을 했어요. 그래서 그녀가 부담 없이 시작할 수 있게요. 그 뒤로, 모든 게 잘됐죠.

여기서 끝이 아니다!
Speed Writing Book에서
빨리 쓰기 훈련을 통해
*완전히 내 것으로 소화시키세요.

writing WORK 04

QUESTIONing

질문 & 답변 문장 만들기

Wh- question 또는 일반의문문의 문장을 만들어 보세요. 그런 다음 그 질문에 답하는 문장을 써 보세요.

1

Q **He told me the problem** that you talked so much in your sleep that he couldn't sleep.

B 내가 그랬대? `did`

Q 그래, 그가 내게 그렇게 말했어. `that`

2

Q **You** don't have to **send them notifications** every week. Just once a month is enough.

B 하지만 그들이 그렇게 해달라고 내게 부탁했어. `do so`

Q 다음에는 내게 먼저 보여줄래? `would you`

3

Q **I asked her a simple question** so that she could start with no pressure.

B 그래서, 그녀가 어떻게 했는데? `do`

Q 그녀는 큰 실수 없이 잘 했어. `significant`

Second Hint

3
significant 현저한, 아주 큰

writing WORK 05

PERFECT sentence
완벽한 문장 쓰기

4형식 문형을 사용하여 문법상 오류가 없는 완벽한 문장을 만들어 보세요.

1 gave

2 tells

3 made

4 send

5 showed

Training 72 — review & practice

review — 앞서 써 본 문장들을 확실히 기억하고 있는지 빈칸을 채워 문장을 완성해 보세요.

1. 모든 것을 고려해 볼 때, 그와 저 사이의 경쟁은 계속될 거예요.
   All things considered, _____.

2. 모든 것을 고려해 볼 때, 우리들 사이의 우정은 이 일 이후로 더 커질 거예요.
   All things _____.

3. 다른 한편으로, 다량의 비타민 C를 복용하는 사람들이 더 오래 살아요.
   On the other hand, _____.

4. 다른 한편으로, 수업을 복습하는 학생들이 이 시험을 더 잘 봐요.
   _____ do better on this test.

5. 예를 들어서, 소문은 워낙 관심을 끌어서 그것은 마치 산불처럼 퍼져가요.
   As an illustration, _____.

6. 예를 들어서, 사막에선 물이 귀해서 사람들이 유목 생활을 하는 거예요.
   As _____.

7. 그는 한밤중에 무언가가 창밖에서 움직이는 것을 느꼈어요.
   _____ in the middle of the night.

8. 그는 한낮에 그의 친구가 집으로 돌아가는 것을 봤어요.
   He _____.

9. 제가 그것을 일찍 끝내기를 기대했어요?
   Did _____?

Training 72

review

10 당신의 개가 그 문을 열 수 있도록 훈련시켰어요?
Did   .

11 그것을 선물 포장해 주실 수 있을까요? 저는 이것이 포장됐으면 해요.
Can   ? I   .

12 그는 우리가 알고 있어야 하는 기능을 우리에게 말해줬어요.
He   .

13 그녀는 제가 알 필요가 있는 모든 것을 저에게 말해줬어요.
She   .

14 저는 그에게 그 변경 사항을 보낼 필요가 없어요. 그는 벌써 알고 있거든요.
I   . He already knew.

15 저에게 누군가를 당장 보내주셔야겠어요. 단 한 명이면 충분해요.
You   . Just one is enough.

16 그는 저에게 지름길을 물어봤어요. 그래서 그가 시간을 아낄 수 있게요.
He   .

17 당신은 저에게 어려운 질문을 했어요. 그래서 제가 답변할 수 없게끔 말이에요.
You   .

review & practice

practice 앞에서 배운 문장 구조를 토대로 주어진 서술형 과제를 완성해 보세요.

서술하기 Description & Narration

다음 이야기를 요약하고 이야기 속에 담겨 있는 요지를 설명하세요.

The phone rings at the FBI headquarters. "Hello?"
"Hello, is this the FBI?"
"Yes. What do you want?"
"I'm calling to report my neighbor Tom. He is hiding marijuana in his firewood."
"This will be noted."
Next day, the FBI comes over to Tom's house. They search the shed where the firewood is kept, break every piece of wood, find no marijuana, swear at Tom and leave.
The phone rings at Tom's house. "Hey, Tom! Did the FBI come?" "Yeah!" "Did they chop your firewood?" "Yeah, they did." "Okay, now it's your turn to call. I need my garden plowed."

• shed 헛간, 보관소

1. the competition between him and me will continue
2. considered, the friendship between us will grow after this
3. people taking large amounts of vitamin C lives longer
4. On the other hand, students reviewing the lesson
5. gossip is so appealing that it spreads like a wildfire
6. an illustration, water is so scarce in desert that people live a nomadic life
7. He felt something moving out the window
8. saw his friend going back home in the middle of the day
9. you expect me to finish it early
10. you train your dog to open the door
11. you gift-wrap it?/ want this wrapped
12. told us a function that we should know about
13. told me everything that I need to know
14. didn't have to send him the changes
15. have to send me someone right away
16. asked me a shortcut so that he could save time
17. asked me a tough question so that I couldn't give you an answer

Sample Writing:

This funny joke tells us a smart way we can make other people to do our chores for us. One man calls the FBI to report that Tom is hiding marijuana in his firewood. The FBI comes to Tom's house and breaks all the firewood in his shed. They don't find any drugs, so they leave. Then the man calls Tom to ask him to call the FBI. He wants Tom to tell the FBI that there is something illegal hidden in his garden. In this way, Tom gets his firewood cut and the man gets his garden plowed.

비교급 & 최상급 1

이번 과에서는 형용사 뒤에 -er, -est를 붙여 만드는 비교급과 최상급 표현을 활용하여 문장을 만드는 훈련을 해 봅니다.

다음 문법 지식을 알아두면
문장을 만들 때 훨씬 쉽게 만들 수 있습니다.

TARGET GRAMMAR

- -er을 붙여서 비교급을 만든다.

    Ex. bright → brighter 밝은 → 더 밝은
    warm → warmer 따뜻한 → 더 따뜻한

- -est를 붙여서 최상급을 만든다.

    Ex. kind → the kindest 친절한 → 가장 친절한
    nice → the nicest 좋은 → 가장 좋은

writing WORK

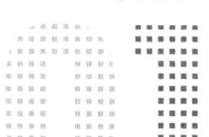

SUBSTITUTION table
바꿔 쓰기

주어진 문장을 참고하여 단어를 바꿔서 새로운 문장을 만들어 보세요.

1

This month is busier than last month.
Next month will be the busiest season in a year.

이번 달은 지난 달보다 바빠요. 다음 달은 일 년 중 가장 바쁜 시기가 될 거예요.

도전 문장 ❶ 오늘은 어제보다 바빠요. 내일은 한 주 중 가장 바쁜 날이 될 거예요.
　　　　　　　　　　　　　　　　　　　　　　　　　　　　　　　in a week

도전 문장 ❷ 지금이 오늘 아침보다 더 바빠요. 오늘 오후는 하루 중 가장 바쁜 때가 될 거예요.
　　　　　　　　　　　　　　　　　　　　　　　　　　　　　　　this morning

2

LA is hotter than Seoul.
Where is the hottest place on earth?

LA는 서울보다 더 더워요. 지구상에서 가장 더운 곳은 어디일까요?

도전 문장 ❶ 이 방은 저 방보다 더 따뜻해요. 가장 따뜻한 방은 어디인가요?
　　　　　　　　　　　　　　　　　　　　　　　　　　warmer • warmest

도전 문장 ❷ 이 이야기는 저 이야기보다 더 재미있어요. 이 세 이야기 중 가장 재미있는 것은 어느 것이에요?
　　　　　　　　　　　　　　　　　　　　　　　　　　funnier • among

3

Dave is richer than Adam. I believe Dave is the richest person in this industry.
Dave는 Adam보다 더 부자예요. 저는 Dave가 이 업계에서 제일 부자라고 생각해요.

도전 문장 ❶ 그 가게는 다른 가게보다 커요. 저는 그게 이 마을에서 제일 큰 가게라고 생각해요.
store • town

도전 문장 ❷ 이것은 당신이 가지고 있는 것보다 더 싸요. 이게 제일 싼 것이거든요.
the one

---

writing WORK

01

SUBSTITUTION table

Second Hint

3
industry 산업, 업계

writing WORK 02

'ADD detail

살 붙여 쓰기

내용상 흐름이 자연스럽게 이어지도록 주어진 문장의 앞과 뒤에 문장을 추가해 짧은 문단을 만들어 보는 순서입니다.
주어진 단어를 순서에 맞게 배열하여 완성 문장을 만들어 보세요.

1

`growing` `here` `is` `people` `the number of` `visiting`

This month is busier than last month. Next month will be the busiest season in a year.

`are` `more` `recruit` `staff` `trying to` `we`

이곳을 방문하는 사람들의 숫자가 늘고 있어요.

이번 달은 지난 달보다 바빠요. 다음 달은 일 년 중 가장 바쁜 시기가 될 거예요.

우리는 더 많은 직원을 뽑기 위해 노력하고 있는 중이에요.

2

`and` `different` `in` `is` `of course` `LA` `Seoul` `the weather`

LA is hotter than Seoul. Where is the hottest place on earth?

`a place which` `cold` `hot` `I` `is` `which` `prefer` `to a place` `is`

물론, LA의 날씨와 서울의 날씨는 달라요.

LA가 서울보다 더 덥죠. 지구에서 가장 더운 곳은 어디일까요?

저는 추운 곳보다 더운 곳을 선호해요.

Second Hint

1
grow 증가하다
recruit 모집하다
staff 직원

2
prefer 선호하다

3

Dave | in | his | has | business | succeeded | new

Dave는 그의 새로운 사업에 성공했어요.

Dave is richer than Adam. I believe Dave is the richest person in this industry.

Dave는 Adam보다 더 부자예요.
저는 Dave가 이 업계에서 제일 부자라고 생각해요.

business | for decades | have | they | rivals | been

그들은 수십 년간 업계 경쟁자였어요.

Second Hint

3
decade 10년
rival 라이벌, 경쟁자

writing WORK 03
write AGAIN
다시 쓰기

앞서 만든 짧은 문단 전체를 이어서 다시 써 보세요.

1
이곳을 방문하는 사람들의 숫자가 늘고 있어요. 이번 달은 지난 달보다 바빠요. 다음 달은 일 년 중 가장 바쁜 시기가 될 거예요. 우리는 더 많은 직원을 뽑기 위해 노력하고 있는 중이에요.

2
물론, LA의 날씨와 서울의 날씨는 달라요. LA가 서울보다 더 덥죠. 지구에서 가장 더운 곳은 어디일까요? 저는 추운 곳보다 더운 곳을 선호해요.

3
Dave는 그의 새로운 사업에 성공했어요. Dave는 Adam보다 더 부자예요. 저는 Dave가 이 업계에서 제일 부자라고 생각해요. 그들은 수십 년간 업계 경쟁자였어요.

여기서 끝이 아니다!
Speed Writing Book에서 빨리 쓰기 훈련을 통해
★ 완전히 내 것으로 소화시키세요.

writing WORK

04 QUESTIONing

질문 & 답변 문장 만들기

Wh- question 또는 일반의문문의 문장을 만들어 보세요. 그런 다음 그 질문에 답하는 문장을 써 보세요.

1

A This month is **busier than** last month. Next month will be **the busiest** season in a year.

B 작년보다 더 많은 사람을 기대하나요?   `expect • than`

A 네, 저는 더 많은 사람이 올 거라고 기대해요.   `more`

2

A LA is **hotter than** Seoul. Where is **the hottest** place on earth?

B 사하라 사막이지.   `Desert`

A 너 거기 가 본 적 있니?   `have`

3

A Dave is **richer than** Adam. I believe Dave is **the richest** person in this industry.

B 그는 어떻게 그렇게 빨리 그런 부자가 됐을까?   `so • so`

A 그는 창의력 있는 예술가였거든.   `creative`

Second Hint

2
desert 사막

3
creative 창의적인
artist 예술가

writing WORK 05

PERFECT sentence

완벽한 문장 쓰기

'비교급과 최상급'을 사용하여 문법상 오류가 없는 완벽한 문장을 만들어 보세요.

1 smoother

2 brightest

3 farther

4 luckiest

5 tougher

비교급&최상급 2

이번 과에서는 3음절 이상의 긴 단어 앞에 more와 most를 붙여 비교급과 최상급 표현을 만들어보고 이를 활용하여 문장을 만드는 훈련을 해 봅니다.

다음 문법 지식을 알아두면
문장을 만들 때 훨씬 쉽게 만들 수 있습니다.

TARGET GRAMMAR

- 3음절 이상의 형용사나 부사에 more를 붙여서 비교급을 만든다.

    Ex. efficient → more efficient 효율적인 → 더 효율적인
    popular → more popular 인기 있는 → 더 인기 있는

- 3음절 이상의 형용사나 부사에 most를 붙여서 최상급을 만든다.

    Ex. innovative → the most innovative 혁신적인 → 가장 혁신적인
    humorous → the most humorous 유머러스한 → 가장 유머러스한

writing WORK 01
SUBSTITUTION table
바꿔 쓰기

주어진 문장을 참고하여 단어를 바꿔서 새로운 문장을 만들어 보세요.

1

**Imagination is more important than knowledge.
Courage is the most important.**

상상이 지식보다 더 중요해요. 용기가 가장 중요하고요.

도전 문장 ❶ 나의 경우, 라면이 우동보다 더 맛있어요. 라면이 가장 맛있어요.

`delicious`

도전 문장 ❷ 그 경기가 어제 경기보다 더 극적이었어요. 그게 가장 극적인 경기였어요.

`dramatic`

2

**Usually, a diamond is more expensive than gold.
What is the most expensive item you have?**

대개 다이아몬드가 금보다 더 비싸요. 당신이 가지고 있는 가장 비싼 물건은 뭐예요?

도전 문장 ❶ 대개 또래 집단이 다른 어떤 집단보다 더 영향력이 있어요. 아이들에게 가장 영향력이 있는 것은 무엇일까요?

`influential • any other`

도전 문장 ❷ 어떤 때는 9월이 8월보다 더 습해요. 가장 습한 달이 몇 월이죠?

`humid`

Second Hint

1
imagination 상상
knowledge 지식
courage 용기
dramatic 극적인

2
expensive 비싼
item 물건
influential 영향력 있는
humid 습한

3

Time is more valuable than money. Especially, the time of our youth is the most valuable.

시간은 돈보다 더 가치가 있어요. 특히, 젊은 시절의 시간이 가장 가치 있죠.

writing WORK 01
SUBSTITUTION table

도전 문장 ❶ 그는 다른 쪽 사람보다 더 믿을 만해요. 특히, 그로부터의 정보는 가장 믿을 만하죠.　　`reliable`

도전 문장 ❷ 이 의자는 저 의자보다 더 편안해요. 특히, 저 구석에 있는 의자가 가장 편해요.　　`comfortable`

Second Hint

3
valuable 가치 있는
especially 특히
reliable 믿을 만한
comfortable 편안한

Training 74 비교급&최상급 2

writing WORK

ADD detail

살 붙여 쓰기

내용상 흐름이 자연스럽게 이어지도록 주어진 문장의 앞과 뒤에 문장을 추가해 짧은 문단을 만들어 보는 순서입니다.
주어진 단어를 순서에 맞게 배열하여 완성 문장을 만들어 보세요.

1

`full` `a world` `imagination` `live` `of` `we` `in`

Imagination is more important than knowledge. Courage is the most important.

`fuel` `how to` `is` `know` `should` `the only` `them` `thing` `we`

우리는 상상으로 가득한 세상에 살고 있어요.

상상은 지식보다 더 중요해요. 용기가 가장 중요하고요.

우리가 알아야 할 단 한 가지는 그것들에 어떻게 불을 지피는가예요.

2

`monetary` `and` `are` `considered` `both` `gold` `diamonds` `to have` `value`

Usually, a diamond is more expensive than gold. What is the most expensive item you have?

`can't` `items` `be measured` `in money` `must have` `some` `you` `that`

다이아몬드와 금은 둘 다 금전적인 가치가 있는 것으로 여겨지는데요.

대개 다이아몬드가 금보다 더 비싸요. 당신이 갖고 있는 가장 비싼 물건은 뭐예요?

당신은 분명 돈으로 가치를 따질 수 없는 것들을 갖고 있을 거예요.

Second Hint

1
fuel 불을 지피다

—

2
monetary 금전적인
measure 재다

3

`an` `is` `old saying` `there`

옛말에도 있잖아요.

Time is more valuable than money. Especially, the time of our youth is the most valuable.

시간은 돈보다 더 가치가 있다고요.
특히, 젊은 시절의 시간이 가장 가치 있죠.

`but also` `as valuable as` `time` `I think`
`is` `health` `not only` `is` `time`

시간뿐만 아니라 건강도 시간만큼 가치 있다고 저는 생각해요.

Second Hint

3
as much as ~만큼
health 건강

다시 쓰기

앞서 만든 짧은 문단 전체를 이어서 다시 써 보세요.

1

우리는 상상으로 가득한 세상에 살고 있어요. 상상은 지식보다 더 중요해요. 용기가 가장 중요하고요. 우리가 알아야 할 단 한 가지는 그것들에 어떻게 불을 지피는가예요.

2

다이아몬드와 금은 둘 다 금전적인 가치가 있는 것으로 여겨지는데요. 대개 다이아몬드가 금보다 더 비싸요. 당신이 갖고 있는 가장 비싼 물건은 뭐예요? 당신은 분명 돈으로 가치를 따질 수 없는 것들을 갖고 있을 거예요.

여기서 끝이 아니다!
Speed Writing Book에서
빨리 쓰기 훈련을 통해
*완전히 내 것으로 소화시키세요.

3

옛말에도 있잖아요. 시간은 돈보다 더 가치가 있다고요. 특히, 젊은 시절의 시간이 가장 가치 있죠. 시간뿐만 아니라 건강도 시간만큼 가치 있다고 저는 생각해요.

"

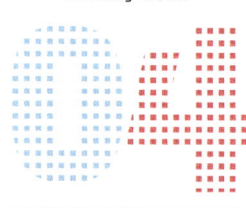

writing WORK

QUESTIONing

질문 & 답변 문장 만들기

Wh- question 또는 일반의문문의 문장을 만들어 보세요. 그런 다음 그 질문에 답하는 문장을 써 보세요.

1

Ⓐ Imagination is **more important** than knowledge. Courage is **the most important**.

Ⓑ 우리의 삶에서 가장 중요한 것이 무엇이라고 생각하니?　`life`

Ⓐ 그건 사랑이야.　`love`

2

Ⓐ Usually, a diamond is **more expensive** than gold. What is **the most expensive** item you have?

Ⓑ 글쎄, 생각해보고. 그건 내 가방이야.　`let`

Ⓐ 그게 얼마인데?　`how much`

3

Ⓐ Time is **more valuable** than money. Especially, the time of our youth is **the most valuable**.

Ⓑ 정말 그렇게 생각하니?　`so`

Ⓐ 대부분의 사람들이 그렇게 말하잖아.　`that is what`

writing WORK 05

PERFECT sentence

완 벽 한
문장 쓰기

'more 비교급'을 사용하여 문법상 오류가 없는 완벽한 문장을 만들어 보세요.

1 more remarkable

2 the most passionate

3 more hazardous

4 the most solid

5 more capable

Training 74 비교급&최상급 2

기타 비교 구문

이번 과에서는 동등 비교급인 'as ~ as' 구문과 '~하면 ~할수록 더 ~하다'라는 의미의 'the+비교급, the+비교급' 구문 등을 활용하여 문장을 만드는 훈련을 해 봅니다.

다음 문법 지식을 알아두면
문장을 만들 때 훨씬 쉽게 만들 수 있습니다.

TARGET GRAMMAR

as 형용사/부사 as ~   ~만큼 ~하다
Ex. This one is **as good as** yours. 이것은 당신의 것**만큼 좋아요**.

the+비교급, the+비교급   ~할수록 ~하다
Ex. The more, the better. 많을수록 더 좋아요.

be similar to ~
Ex. This **is similar to** mine. 이것은 제 것과 **비슷해요**.

writing WORK 01

SUBSTITUTION table

바꿔 쓰기

주어진 문장을 참고하여 단어를 바꿔서 새로운 문장을 만들어 보세요.

1

I think he is as tall as I am.
저는 그가 저만큼 키가 크다고 생각해요.

도전 문장 ❶ 저는 그녀가 당신만큼 나이 들었다고 생각해요.   *as old as*

도전 문장 ❷ 저는 그가 저만큼 바쁘다고 생각했어요.   *as busy as*

2

The better I know him, the more I like him.
그를 알면 알수록, 그가 더 마음에 들어요.

도전 문장 ❶ 당신이 노력하면 할수록 더 잘하게 될 거예요.   *try • become*

도전 문장 ❷ 그가 더 많이 쓰면 쓸수록, 그는 더 잘 쓸 수 있어요.   *can*

3

The plot of this movie is not similar to the original novel.
이 영화의 줄거리가 원작 소설과 비슷하지 않네요.

도전 문장 ❶ 그 상자의 내용물이 사진과 비슷하지가 않네요.   *contents*

도전 문장 ❷ 당신이 가지고 있는 것이 제 것과 비슷해요.   *what • mine*

Second Hint

3
plot 줄거리
similar 비슷한
original 원래의
novel 소설
content 내용물

writing WORK

ADD detail

살 붙여 쓰기

내용상 흐름이 자연스럽게 이어지도록 주어진 문장의 앞과 뒤에 문장을 추가해 짧은 문단을 만들어 보는 순서입니다.
주어진 단어를 순서에 맞게 배열하여 완성 문장을 만들어 보세요.

1

[anymore] [he] [is not] [me] [shorter] [than]

그는 더 이상 저보다 작지 않아요.

I think he is as tall as I am.

그는 저만큼 키가 크다고 생각해요.

[at the present rate] [be] [he] [me] [of growth] [taller] [than] [will]

현재의 성장 속도라면 그는 저보다 키가 더 클 거예요.

2

[of him] [impression] [and] [quiet] [tender] [my first] [was]

그에 대한 첫인상은 조용하고 부드러웠어요.

The better I know him, the more I like him.

그를 알면 알수록, 그가 더 마음에 들어요.

[chances] [have] [him] [I] [meet] [more] [to] [would like to]

저는 그를 만날 기회를 더 갖고 싶어요.

Second Hint

1
shorter 키가 더 작은
present 현재의
rate 속도
growth 성장

—

2
impression 인상
quiet 조용한
tender 부드러운, 온화한
chance 기회

3

[I] [of] [read] [series] [books] [the entire]

저는 그 책 시리즈를 전부 읽었어요.

The plot of this movie is not similar to the original novel.

이 영화의 줄거리가 원작 소설과 비슷하지 않네요.

[always] [are] [better than] [say] [movies] [no wonder] [people] [books]

사람들이 왜 늘 책이 영화보다 더 낫다고 하는지 알겠어요.

ADD detail

Second Hint

3
series 시리즈
entire 전체의
movie 영화
no wonder 당연히 ~하다

writing WORK 03

write AGAIN
다시 쓰기

앞서 만든 짧은 문단 전체를 이어서 다시 써 보세요.

1

그는 더 이상 저보다 작지 않아요. 그는 저만큼 키가 크다고 생각해요. 현재의 성장 속도라면 그는 저보다 키가 더 클 거예요.

2

그에 대한 첫인상은 조용하고 부드러웠어요. 그를 알면 알수록 그가 더 마음에 들어요. 저는 그를 만날 기회를 더 갖고 싶어요.

3

저는 그 책 시리즈를 전부 읽었어요. 이 영화의 줄거리가 원작 소설과 비슷하지 않네요. 사람들이 왜 항상 책이 영화보다 더 낫다고 하는지 알겠어요.

여기서 끝이 아니다!
Speed Writing Book에서 빨리 쓰기 훈련을 통해
★ 완전히 내 것으로 소화시키세요.

04 QUESTIONing

질문 & 답변 문장 만들기

Wh- question 또는 일반의문문의 문장을 만들어 보세요. 그런 다음 그 질문에 답하는 문장을 써 보세요.

1

Q I think he is **as tall as** I am.

B 너는 키가 얼마나 되니? `how`

A 170센티미터야. `170cm`

2

Q **The better** I know him, **the more** I like him.

B 그래서 어떻게 할 거니? `going to`

A 그를 다시 만나 볼 거야. `see`

3

Q The plot of this movie **is** not **similar to** the original novel.

B 그게 어떻게 다른데? `different`

A 끝이 매우 달라. `end`

Second Hint

3
different 다른
end 끝

writing WORK 05

PERFECT sentence

완 벽 한 문장 쓰기

다양한 비교급 표현을 사용하여 문법상 오류가 없는 완벽한 문장을 만들어 보세요.

1 as ~ as

2 the -er, the -er

3 is similar to

4 as ~ as

5 the -er, the more ~

Training 76

review & practice

review 앞서 써 본 문장들을 확실히 기억하고 있는지 빈칸을 채워 문장을 완성해 보세요.

1 오늘은 어제보다 바빠요. 내일은 한 주 중 가장 바쁜 날이 될 거예요.
Today _____. Tomorrow _____.

2 이 방은 저 방보다 더 따뜻해요. 가장 따뜻한 방은 어디인가요?
This room _____. Where _____?

3 이것은 당신이 가지고 있는 것보다 더 싸요. 이게 제일 싼 것이거든요.
This one _____. It is the cheapest one.

4 나의 경우, 라면이 우동보다 더 맛있어요. 라면이 가장 맛있어요.
For me, *ramen* is more delicious than *udon*. _____.

5 그 경기가 어제 경기보다 더 극적이었어요. 그게 가장 극적인 경기였어요.
The game _____.
It was the most dramatic game.

6 어떤 때는 9월이 8월보다 더 습해요. 가장 습한 달이 몇 월이죠?
Sometimes September is more humid than August. _____?

review

7 그는 다른 쪽 사람보다 더 믿을 만해요. 특히, 그로부터의 정보는 가장 믿을 만하죠.

Especially, the information from him is the most reliable.

8 이 의자는 저 의자보다 더 편안해요. 특히, 저 구석에 있는 의자가 가장 편해요.
This chair is more comfortable than that chair.

9 저는 그녀가 당신만큼 나이 들었다고 생각해요.
I think

10 저는 그가 저만큼 바쁘다고 생각했어요.
I thought

11 당신이 노력하면 할수록 더 잘하게 될 거예요.
The more you try,

12 그가 더 많이 쓰면 쓸수록, 그는 더 잘 쓸 수 있어요.
The more

13 그 상자의 내용물이 사진과 비슷하지가 않네요.
The contents of the box

14 당신이 가지고 있는 것이 제 것과 비슷해요.
What

practice 앞에서 배운 문장 구조를 토대로 주어진 서술형 과제를 완성해 보세요.

서술하기 Description & Narration

다음 각 인물의 옷차림, 동작 등 외양을 묘사해 보세요.

Jim

Steve

Jim:
_____
_____
_____

Steve:
_____
_____
_____

1. is busier than yesterday/ will be the busiest day in a week
2. is warmer than that room/ is the warmest room
3. is cheaper than the one you have
4. Ramen is the most delicious
5. was more dramatic than the game yesterday
6. What is the most humid month
7. He is more reliable than the other person
8. Especially, the chair on the corner is the most comfortable
9. she is as old as you are
10. he was as busy as I was
11. the better you will become
12. he writes, the better he can write
13. are not similar to the picture
14. you have is similar to mine

Sample Writing:

Jim:
Jim looks like an athletic person. He is muscular. He is wearing a blue tank top and shorts. He's also wearing athletic shoes. There is a blue sweat band on his right wrist. He is holding a basketball in his left hand.

Steve:
Steve is dressed casually. He is slim. He is wearing a short-sleeved shirt and long brown pants. His tie and his tennis shoes match. They are both blue. He is wearing sunglasses. Also, he is carrying a green bag in his left hand.

명사절 만들기(주어, 보어)

이번 과에서는 that절이 주어나 보어로 쓰이는 명사절을 만들어보고 이를 활용하여 문장을 만드는 훈련을 해 봅니다.

다음 문법 지식을 알아두면
문장을 만들 때 훨씬 쉽게 만들 수 있습니다.

TARGET GRAMMAR

| 명사절 | '주어+동사' 형태의 문장을 명사처럼 사용하는 것 |

| 명사절 만들기 | 문장 앞에 that을 쓰면 된다. |

| 명사절을 주어로 쓰기 | *Ex.* **That he is your boyfriend** surprises me.
그가 당신의 남자 친구라는 것이 저를 놀라게 해요. |

| 명사절을 보어로 쓰기 | *Ex.* **The truth is that he is my boyfriend.**
사실인즉, 그가 제 남자 친구예요. |

writing WORK

SUBSTITUTION table

바꿔 쓰기

주어진 문장을 참고하여 단어를 바꿔서 새로운 문장을 만들어 보세요.

1

It is important that everyone understands the rules and follows them.

모두가 규칙들을 이해하고 그것들을 따르는 것이 중요해요.

도전 문장 ❶ 당신이 이것을 지니고 다닐 필요가 있어요. `carry ~ with`

도전 문장 ❷ 여기서부터 당신의 경로를 시작할 것을 권해요. `recommended`

2

That a comet will hit the earth has never worried me.

혜성이 지구와 부딪칠 거라는 생각이 저를 괴롭힌 적은 없어요.

도전 문장 ❶ 그들이 재결합하리라는 것은 예상되지 않았어요. `reunite`

도전 문장 ❷ 제가 그 시험에 통과한 것이 저 자신을 놀라게 했어요. `surprise`

Second Hint

1
understand 이해하다
rule 규칙
follow 따르다
carry 지니고 다니다
recommend 추천하다, 권하다

2
comet 혜성
reunite 재결합하다
anticipate 예상하다
surprise 놀라게 하다

writing WORK 01
SUBSTITUTION table

3

That we can eat whatever we want in the restaurant doesn't seem to be true.

우리가 그 식당에서 원하는 걸 무엇이든 먹을 수 있다는 것이 **사실 같지가 않아요.**

도전 문장 ❶ 제가 가고 싶은 곳은 어디든 갈 수 있다는 것이 사실 같지가 않아요.
> wherever

도전 문장 ❷ 제가 하고 싶은 것은 무엇이든 할 수 있다는 것은 과장된 것 같아요.
> exaggerated

Second Hint

3
whatever 무엇이든
exaggerate 과장하다

writing WORK

ADD detail

살 붙여 쓰기

내용상 흐름이 자연스럽게 이어지도록 주어진 문장의 앞과 뒤에 문장을 추가해 짧은 문단을 만들어 보는 순서입니다.
주어진 단어를 순서에 맞게 배열하여 완성 문장을 만들어 보세요.

1

concern | our | is | during | primary | safety | the field trip | your

현장 학습 기간 동안 여러분의 안전이 우리의 주된 관심사예요.

It is important that everyone understands the rules and follows them.

모두가 규칙들을 이해하고 그것들을 따르는 것이 중요해요.

need | be | happy | more than | it | you | to help | we | when | will | you

우리는 여러분이 필요로 할 때 도움이 된다면 더없이 기쁠 것입니다.

2

it | a rumor | happens | is | it | just | until

그 일이 실제 일어나기 전까지는 소문에 불과해요.

That a meteor will hit the earth has never worried me.

유성이 지구와 부딪칠 것이라는 생각이 저를 괴롭힌 적은 없어요.

voting | nothing | am | that | happens | I

저는 아무 일도 안 일어날 거라는 것에 한 표 던질게요.

Second Hint

1
primary 주된
safety 안전
field trip 현장 학습

2
rumor 소문
meteor 운석
yet 아직
vote 투표하다

writing WORK 02
ADD detail

3

[5 dollars] [is] [it] [only] [says] [the advertisement]

That we can eat whatever we want in the restaurant doesn't seem to be true.

[a] [cost] [hidden] [must be] [there]

그 광고에 따르면 그게 겨우 5달러래요.

그 식당에서 우리가 원하는 걸 무엇이든 먹을 수 있다는 것이 사실 같지가 않아요.

분명 숨겨진 비용이 있을 거예요.

Second Hint

3
advertisement 광고
cost 비용
hidden 숨겨진

writing WORK

write AGAIN

다시 쓰기

앞서 만든 짧은 문단 전체를 이어서 다시 써 보세요.

1

현장 학습 기간 동안 여러분의 안전이 우리의 주된 관심사예요. 모두가 규칙들을 이해하고 그것들을 따르는 것이 중요해요. 우리는 여러분이 필요로 할 때 도움이 된다면 더없이 기쁠 것입니다.

2

그 일이 실제 일어나기 전까지는 소문에 불과해요. 유성이 지구와 부딪칠 것이라는 생각이 저를 괴롭힌 적은 없어요. 저는 아무 일도 안 일어날 거라는 것에 한 표 던질게요.

3

그 광고에 따르면 그게 겨우 5달러래요. 그 식당에서 우리가 원하는 걸 무엇이든 먹을 수 있다는 것이 사실 같지가 않아요. 분명 숨겨진 비용이 있을 거예요.

여기서 끝이 아니다!
Speed Writing Book에서
빨리 쓰기 훈련을 통해
완전히 내 것으로 소화시키세요.

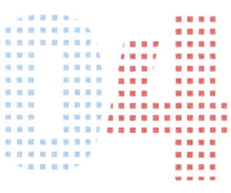

1

Q It is important **that everyone understands the rules and follows them**.

B 만일 누군가가 규칙들을 깬다면? `what if`

A 벌점이 있을 거야. `penalty point`

2

Q **That a comet will hit the earth** has never worried me.

B 그런 일이 일어날 거라고 생각하니? `happen`

A 아무도 모르는 일이지. `never`

3

Q **That we can eat whatever we want in the restaurant** doesn't seem to be true.

B 그건 사실이야. 그게 뷔페 런치거든. `buffet lunch`

A 너 거기 가 본 적 있니? `been`

Second Hint

1
penalty point 벌점

3
buffet 뷔페

writing WORK

05 PERFECT sentence

완벽한 문장 쓰기

'명사절'을 사용하여 문법상 오류가 없는 완벽한 문장을 만들어 보세요.

1 That he

2 That our members

3 That you

4 It is ~ that

5 It is ~ that

Training 78 훈련

명사절 만들기 (목적어)

이번 과에서는 that절이 문장 내에서 목적어로 사용되는 목적격 명사절을 만들어보고 이를 활용하여 문장을 만드는 훈련을 해 봅니다.

다음 문법 지식을 알아두면
문장을 만들 때 훨씬 쉽게 만들 수 있습니다.

TARGET GRAMMAR

| 명사절 목적격 | 단어 대신 문장을 목적어로 사용한다. |

Ex. I knew **that the answer was 'A'**. 저는 그 정답이 A라는 것을 알고 있었어요.

I feel **that my English is improving.** 저는 저의 영어 실력이 나아지고 있는 것을 느껴요.

writing WORK

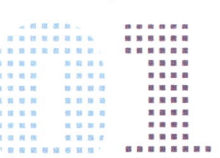

SUBSTITUTION table

바꿔 쓰기

주어진 문장을 참고하여 단어를 바꿔서 새로운 문장을 만들어 보세요.

1

I don't like **how he treats dogs**.
저는 그가 개를 다루는 방식이 마음에 안 들어요.

도전 문장 ❶ 저는 그녀가 옷을 차려입는 방식이 마음에 들어요.　　`dresses herself`

도전 문장 ❷ 저는 당신이 그것을 어떻게 했는지 알아요.　　`did`

2

I wonder **whether or not he will pass the exam**. 저는 그가 시험에 통과할지 안 할지 궁금해요.

도전 문장 ❶ 저는 비가 올지 안 올지 궁금해요.　　`rain`

도전 문장 ❷ 저는 그녀가 조만간 저에게 연락을 할지 안 할지 궁금해요.
　　`contact • sooner or later`

3

I'll let you know **when to come**.
언제 오면 될지 당신에게 알려드릴게요.

도전 문장 ❶ 언제 움직이면 되는지 저에게 알려주세요.　　`move`

도전 문장 ❷ 언제 전화하면 되는지 그녀에게 알려주지 마세요.　　`let`

Second Hint

1
treat 다루다
dress oneself 옷을 차려입다

2
whether ~인지 아닌지
pass the exam 시험에 합격하다
contact 연락하다
sooner or later 조만간

1

[dog] [he] [his] [is] [his] [thinks] [toy]

그는 그의 개가 그의 장난감이라고 생각해요.

I don't like how he treats dogs.

저는 그가 개를 다루는 방식이 마음에 안 들어요.

[get] [he] [in trouble] [someday] [will]

그는 언젠가는 곤란해지게 될 거예요.

2

[to] [get through] [one] [only] [out of] [the final] [can] [ten]

열 사람 중 한 명만 결승에 도달하게 될 거예요.

I wonder whether or not he will pass the exam.

저는 그가 시험에 통과할지 안 할지 궁금해요.

[heard that] [have] [questions] [I] [many] [of difficulty] [a high level]

많은 문제들이 높은 수준의 난이도를 갖고 있다고 저는 들었어요.

— writing WORK —

ADD detail

살 붙여 쓰기

내용상 흐름이 자연스럽게 이어지도록 주어진 문장의 앞과 뒤에 문장을 추가해 짧은 문단을 만들어 보는 순서입니다.
주어진 단어를 순서에 맞게 배열하여 완성 문장을 만들어 보세요.

Second Hint

1
toy 장난감
someday 언젠가

—

2
final 최종의

135

Training **78** 명사절 만들기(목적어)

writing WORK 02 — ADD detail

3

[depends on] [last] [meeting] [my] [of] [the duration] [when I have time]

제가 언제 시간이 날지는 저의 마지막 미팅의 길이에 달렸어요.

I'll let you know when to come.

언제 오면 될지 당신에게 알려드릴게요.

[I] [as soon as] [call] [finish] [I] [the meeting] [will] [you]

미팅이 끝나자마자 당신에게 전화할게요.

Second Hint

3
depend on ~에 달려 있다
meeting 회의
duration 지속 시간
as soon as ~하자마자
call 전화하다

write AGAIN
다시 쓰기

앞서 만든 짧은 문단 전체를 이어서 다시 써 보세요.

1

그는 그의 개가 그의 장난감이라고 생각하고 있어요. 저는 그가 개를 다루는 방식이 마음에 안 들어요. 그는 언젠가는 곤란해지게 될 거예요.

2

열 사람 중 한 명만 결승에 도달하게 될 거예요. 저는 그가 시험에 통과할지 안 할지 궁금해요. 많은 문제들이 높은 수준의 난이도를 갖고 있다고 저는 들었어요.

3

제가 언제 시간이 날지는 저의 마지막 미팅의 길이에 달렸어요. 언제 오면 될지 당신에게 알려드릴게요. 미팅이 끝나자마자 당신에게 전화할게요.

여기서 끝이 아니다!
Speed Writing Book에서
빨리 쓰기 훈련을 통해
완전히 내 것으로 소화시키세요.

writing WORK 04

QUESTIONing
질문 & 답변 문장 만들기

Wh- question 또는 일반의문문의 문장을 만들어 보세요. 그런 다음 그 질문에 답하는 문장을 써 보세요.

1

A: I don't like **how he treats dogs**.
B: 나 역시 마음에 안 들어. `either`

A: 우리가 경찰에 신고해야 할까? `report`

2

A: I wonder **whether or not he will pass the exam**.
B: 그는 시험에 통과할 거야. `pass`

A: 그가 (지금까지) 공부를 많이 했니? `has`

3

A: I'll let you know **when to come**.
B: 내가 언제 와야 하는데? `should`

A: 내가 말했잖아, "내가 알려줄게."라고. `let`

Second Hint
1
report 신고하다

writing WORK

05

PERFECT sentence

완벽한
문장 쓰기

'명사절'을 사용하여 문법상 오류가 없는 완벽한 문장을 만들어 보세요.

1 discover that
"   "

2 have found out that
"   "

3 assumes that
"   "

4 proved that
"   "

5 is pointing out that
"   "

Training 78 명사절 만들기(목적어)

Training 79

if ~ or not, whether ~ or not, whether or not을 목적어로 쓰기

이번 과에서는 if절이나 whether절을 동사 wonder의 목적어로 써서 I wonder if ~, I wonder whether ~와 같은 형태의 문장을 만드는 훈련을 해 봅니다.

다음 문법 지식을 알아두면
문장을 만들 때 훨씬 쉽게 만들 수 있습니다.

TARGET GRAMMAR

| **if ~ or not** | ~인지 아닌지 |
| | *Ex.* **if** you like it **or not** 네가 그것을 좋아하는지 아닌지 |

| **whether ~ or not** | ~인지 아닌지 |
| | *Ex.* **whether** you like it **or not** 네가 그것을 좋아하는지 아닌지 |

| **whether or not** | ~인지 아닌지 |
| | *Ex.* **whether or not** you like it 네가 그것을 좋아하는지 아닌지 |

1

I wonder if she has changed or not.
저는 그녀가 변했는지 변하지 않았는지 궁금해요.

도전 문장 ❶   저는 그가 떠났는지 떠나지 않았는지 궁금해요.   `left`

도전 문장 ❷   저는 그들이 그것을 파는지 안 파는지 궁금해요.   `sell`

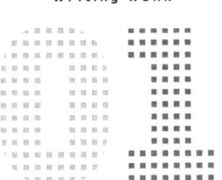

writing WORK

SUBSTITUTION table

바꿔 쓰기

주어진 문장을 참고하여 단어를 바꿔서 새로운 문장을 만들어 보세요.

2

I wonder whether it is safe or not.
저는 그것이 안전한지 안전하지 않은지 궁금해요.

도전 문장 ❶   저는 그것이 필요한지 필요하지 않은지 궁금해요.   `necessary`

도전 문장 ❷   저는 쉬는 시간이 있을지 없을지 궁금해요.   `there • recess time`

3

Everyone wonders whether or not that is trustworthy.
그것이 믿을 만한지 그렇지 않은지 모두가 궁금해해요.

도전 문장 ❶   승객들은 그것이 연착이 될지 그렇지 않을지 궁금해해요.   `delayed`

도전 문장 ❷   보너스가 있을지 없을지 모두가 궁금해했어요.   `there would be`

Second Hint

1
wonder 궁금해하다

2
safe 안전한
recess time 휴식 시간

3
trustworthy 믿을 만한
passenger 승객
delay 지연되다

writing WORK

ADD detail

살 붙여 쓰기

내용상 흐름이 자연스럽게 이어지도록 주어진 문장의 앞과 뒤에 문장을 추가해 짧은 문단을 만들어 보는 순서입니다.
주어진 단어를 순서에 맞게 배열하여 완성 문장을 만들어 보세요.

Second Hint

1
in ages 오랫동안

2
use 사용하다

1

[been] [I] [in ages] [the place] [to] [have not]

저는 정말 오랫동안 그 장소에 가보지 못했어요.

I wonder if anything has changed or not.

저는 뭐든 변했는지 변하지 않았는지 궁금해요.

[am looking forward to] [going] [I] [there]

저는 그곳에 가보기를 학수고대하고 있는 중이에요.

2

[been used] [for] [has] [It] [not] [years]

그것은 수년간 사용되지 않았어요.

I wonder whether it is safe or not.

저는 그것이 안전한지 안전하지 않은지 궁금해요.

[were] [if] [it] [I] [use] [would not] [I] [you]

제가 만일 당신이라면 저는 그것을 사용하지 않을 거예요

writing WORK 02
ADD detail

3

[about that] [heard] [I] [is] [negative] [what]

그것에 대해서 제가 들은 것은 부정적이에요.

I wonder whether or not that is trustworthy.

그것이 믿을 만한지 그렇지 않은지 모두가 궁금해해요.

[about that] [make up] [collect] [I] [I] [information] [before] [my mind] [more] [need to]

마음의 결정을 내리기 전에 그것에 대해 더 많은 정보를 수집할 필요가 있어요.

Second Hint

3
negative 부정적인
collect 수집하다
information 정보
make up one's mind 마음을 결정하다

다시 쓰기

앞서 만든 짧은 문단 전체를 이어서 다시 써 보세요.

1

저는 정말 오랫동안 그 장소에 가보지 못했어요. 저는 뭐든 변했는지 변하지 않았는지 궁금해요. 저는 그곳에 가보기를 학수고대하고 있는 중이에요.

2

그것은 수년간 사용되지 않았어요. 저는 그것이 안전한지 안전하지 않은지 궁금해요. 제가 만일 당신이라면 저는 그것을 사용하지 않을 거예요.

3

그것에 대해서 제가 들은 것은 부정적이에요. 그것이 믿을 만한지 그렇지 않은지 모두가 궁금해해요. 마음의 결정을 내리기 전에 그것에 대해 더 많은 정보를 수집할 필요가 있어요.

여기서 끝이 아니다!
Speed Writing Book에서 빨리 쓰기 훈련을 통해
*완전히 내 것으로 소화시키세요.

writing WORK 04

QUESTIONing

질 문 &
답변 문장
만 들 기

Wh- question 또는 일반의문문의 문장을 만들어 보세요. 그런 다음 그 질문에 답하는 문장을 써 보세요.

1

- **A** I wonder **if** she has changed **or not**.
- **B** 그녀는 조금도 변하지 않았어. `a bit`

- **A** 그녀가 예전과 똑같아 보이니? `look • as • did`

2

- **A** I wonder **whether** it is safe **or not**.
- **B** 우리가 시도하기 전까지는 결코 알 수 없지. `never • until`

- **A** 네가 먼저 시도해보고 싶니? `want to`

3

- **A** Everyone wonders **whether or not** that is trustworthy.
- **B** 나를 믿어. 그것은 믿을만 해. `believe`

- **A** 그걸 어떻게 확실히 알아? `for sure`

Second Hint

1
a bit 조금, 약간
—
2
safe 안전한
until (시간) ~까지
—
3
for sure 확실히

writing WORK 05

PERFECT sentence

완벽한 문장 쓰기

'I wonder if ~, I wonder whether ~' 문형을 사용하여 문법상 오류가 없는 완벽한 문장을 만들어 보세요.

1 I wonder if

2 I wondered whether

3 He wondered whether or not

4 I was wondering if

5 I am wondering whether

review & practice

review 앞서 써 본 문장들을 확실히 기억하고 있는지 빈칸을 채워 문장을 완성해 보세요.

1 당신은 이것을 지니고 다닐 필요가 있어요.
It _____.

2 여기서부터 당신의 루트를 시작할 것을 권해요.
It _____.

3 그들이 재결합하리라는 것은 기대되지 않았어요.
That _____.

4 제가 그 시험에 통과한 것이 저 자신을 놀라게 했어요.
That _____.

5 제가 가고 싶은 곳은 어디든 갈 수 있다는 것이 사실 같지가 않아요.
That _____.

6 제가 하고 싶은 것은 무엇이든 할 수 있다는 것은 과장된 것 같아요.
That _____.

7 저는 그녀가 옷을 차려입는 방식이 마음에 들어요.
I like _____.

8 저는 당신이 그것을 어떻게 했는지 알아요.
I know _____.

9 저는 비가 올지 안 올지 궁금해요.
I wonder _____.

review

10 저는 그녀가 조만간 저에게 연락을 할지 안 할지 궁금해요.
I wonder   .

11 언제 움직이면 되는지 저에게 알려주세요.
Let   .

12 언제 전화하면 되는지 그녀에게 알려주지 마세요.
Don't   .

13 저는 그가 떠났는지 떠나지 않았는지 궁금해요.
I wonder if   .

14 저는 그들이 그것을 파는지 안 파는지 궁금해요.
I wonder if   .

15 저는 그것이 필요한지 필요하지 않은지 궁금해요.
I wonder   .

16 저는 쉬는 시간이 있을지 없을지 궁금해요.
I wonder   .

17 승객들은 그것이 연착이 될지 그렇지 않을지 궁금해해요.
Passengers wonder   .

18 보너스가 있을지 없을지 모두가 궁금해했어요.
Everyone wondered   .

review & practice

practice 앞에서 배운 문장 구조를 토대로 주어진 서술형 과제를 완성해 보세요.

서 술 하 기 Description & Narration

인터넷 쇼핑으로 물건을 구입하는 사람들의 숫자가 매년 늘어나는 이유가 무엇이라고 생각하는지 다음 에세이를 완성해 보세요.

Introduction

The number of people who are buying things on the Internet is growing these days. There are two important reasons.

Body

First of all,

Secondly,

Conclusion

These two reasons, _____, explain why

1. is necessary that you carry this with you
2. is recommended that you start your route from here
3. they could reunite was not anticipated
4. I passed the exam surprised me
5. I can go wherever I want doesn't seem to be true
6. I can do whatever I want seems to be exaggerated
7. how she dresses herself
8. how you did it
9. whether or not it will rain
10. whether or not she will contact me sooner or later
11. me know when to move
12. let her know when to call
13. he has left or not
14. they sell it or not
15. whether it is necessary or not
16. whether there will be a recess time or not
17. whether or not it is delayed
18. whether or not there would be a bonus

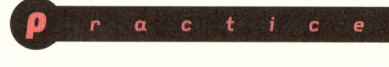

Sample Writing:

Body

First of all, people find it convenient to buy items on the internet. They don't have to leave their homes. They don't have to wait in long lines. They can do their shopping from home just by clicking a button.

Secondly, people can easily compare prices of the items at different online shops on the Internet. It takes much longer to go to different stores in person to compare prices.

Conclusion

These two reasons, convenience and price, explain why more and more people are using the Internet to do their shopping. As the Internet becomes faster and easier to use, the number of people buying things on the Internet will continue to increase.

직접 화법 만들기

이번 과에서는 다른 사람이 한 말을 그 사람이 쓴 단어와 시제를 바꾸지 않고 그대로 전달하는 '직접 화법'의 문장을 만드는 훈련을 해 봅니다.

다음 문법 지식을 알아두면
문장을 만들 때 훨씬 쉽게 만들 수 있습니다.

TARGET GRAMMAR

직접 화법   다른 사람이 한 말을 전달할 때 그 사람이 쓴 단어와 시제를 하나도 바꾸지 않고 그대로 전달하는 방법.

Ex. She said, "I am calling John." 그녀는 말했어요. "나는 John에게 전화를 하는 중이야."

간접 화법   다른 사람이 한 말을 전달할 때 단어와 시제를 자기(말하는 사람)의 입장으로 바꾸어서 전달하는 방법.

Ex. She **said that** she was calling John. 그녀는 자기가 John에게 전화를 하고 있는 중이라고 말했어요.

writing WORK

SUBSTITUTION table
바꿔 쓰기

주어진 문장을 참고하여 단어를 바꿔서 새로운 문장을 만들어 보세요.

1

He said, "I'll never forget having a good time with you." 그는 말했어요. "나는 너와 보낸 좋은 시간을 절대 잊지 않을 거야."

도전 문장 ❶ 그는 말했어요. "나는 다시는 너에게 그런 말을 하지 않을게." — that

도전 문장 ❷ 그녀가 말했어요. "제가 나머지 뒷정리를 할게요." — rest

2

She said, "I am sorry that I forgot to tell you this news." 그녀는 말했어요. "이 소식을 너에게 말해주는 것을 잊어버려서 미안해."

도전 문장 ❶ 그녀는 말했어요. "내가 너와 함께하지 못해 미안해." — join

도전 문장 ❷ 그 표지판에 쓰여 있기를, "쓰레기를 내놓는 것을 잊지 마세요!" — take out • garbage

3

I was going to say, "It's too soon to tell him." 저는 말하려고 했어요. "그에게 말하긴 너무 일러."라고.

도전 문장 ❶ 저는 말하려고 했어요. "그것은 너무 작은 사이즈야."라고. — size too

도전 문장 ❷ 저는 말하려고 했어요. "그것은 30분짜리 수업이 될 거야."라고. — thirty-minute

---

Second Hint

1
forget 잊다

—

2
sign 표지판
take out 밖에 내놓다
garbage 쓰레기

—

3
lesson 수업

1

| am | feelings | for | glad | he | has |
| I | me |

그가 저에게 마음이 있다니 기뻐요.

He said, "I'll never forget having a good time with you."

| again | am going to | him | I | meet |

저는 그를 다시 만나볼 거예요.

writing WORK

02
ADD detail

살 붙여 쓰기

내용상 흐름이 자연스럽게 이어지도록 주어진 문장의 앞과 뒤에 문장을 추가해 짧은 문단을 만들어 보는 순서입니다.
주어진 단어를 순서에 맞게 배열하여 완성 문장을 만들어 보세요.

2

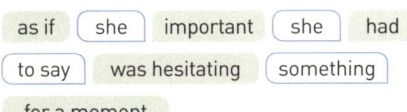

| as if | she | important | she | had |
| to say | was hesitating | something |
| for a moment |

그녀는 마치 뭔가 중요한 것을 말할 게 있는 듯 잠시 머뭇거렸어요.

She said, "I am sorry that I forgot to tell you this news."

| almost | and | fainted | I | me |
| shocked | the news | she | me | told |

그녀가 제게 말해준 소식은 제게 충격을 주었고 저는 거의 기절할 뻔했어요.

Second Hint

1
glad 기쁜

—

2
moment 순간
hesitate 머뭇거리다, 망설이다
faint 기절하다
shock 충격을 주다

153
Training **81** 직접 화법 만들기

writing WORK
ADD detail

3

`a phone call` `already` `he` `her` `making` `to` `was`

그는 이미 그녀에게 전화를 걸고 있는 중이었어요.

I was going to say, "It's too soon to call her."

저는 말하려고 했어요. "그녀에게 전화하긴 너무 일러."라고.

`be involved` `complex` `I` `in` `not` `should` `this` `situation`

저는 이 복잡한 상황에 얽히지 말아야겠어요.

Second Hint

3
phone 전화
involve 관련시키다; 포함하다
complex 복잡한
situation 상황

writing WORK 03

write AGAIN
다시 쓰기

앞서 만든 짧은 문단 전체를 이어서 다시 써 보세요.

1

그가 저에게 마음이 있다니 기뻐요. 그는 말했어요, "나는 너와 보낸 좋은 시간을 절대 잊지 않을 거야." 저는 그를 다시 만나볼 거예요.

2

그녀는 마치 뭔가 중요한 것을 말할 게 있는 듯 잠시 머뭇거렸어요. 그녀는 말했어요, "이 소식을 너에게 말해주는 것을 잊어버려서 미안해." 그녀가 제게 말해준 소식은 제게 충격을 주었고 저는 거의 기절할 뻔했어요.

3

그는 이미 그녀에게 전화를 걸고 있는 중이었어요. 저는 말하려고 했어요, "그녀에게 전화하긴 너무 일러."라고. 저는 이 복잡한 상황에 얽히지 말아야겠어요.

여기서 끝이 아니다!
Speed Writing Book에서
빨리 쓰기 훈련을 통해
완전히 내 것으로 소화시키세요.

writing WORK

QUESTIONing
질문 & 답변 문장 만들기

Wh- question 또는 일반의문문의 문장을 만들어 보세요. 그런 다음 그 질문에 답하는 문장을 써 보세요.

1

Q He said, "I'll never forget having a good time with you."
B 그건 그가 너한테 관심이 있다는 뜻이야. `means • feelings`

Q 그렇게 생각하니? `so`

2

Q She said, "I am sorry that I forgot to tell you this news."
B 괜찮아. 그게 어떤 종류의 소식인데? `that's • kind of`

Q 너 승진하게 될 거래. `promoted`

3

Q I was going to say, "It's too soon to tell him."
B 하지만 거의 확실하잖아. `certain`

Q 당분간 기다리는 것이 더 낫지 않을까? `isn't it better`

Second Hint

2
be promoted 승진하다
—
3
certain 확신하는

writing WORK 05

PERFECT sentence

완벽한 문장 쓰기

'직접 화법'을 사용하여 문법상 오류가 없는 완벽한 문장을 만들어 보세요.

1 He said, "I _____."

2 She said, "I _____."

3 The doctor said, "You _____."

4 My friend shouted, "Don't _____."

5 The inner voice was saying, "I _____."

조동사가 쓰인 직접 화법을 간접 화법으로 바꾸기

이번 과에서는 조동사가 쓰인 직접 화법 문장을 간접 화법 문장으로 바꾸어 쓰는 훈련을 해 봅니다.

다음 문법 지식을 알아두면
문장을 만들 때 훨씬 쉽게 만들 수 있습니다.

TARGET GRAMMAR

- will이 들어간 문장을 간접 화법으로 바꾸기: will을 would로 바꾼다.
- can이 들어간 문장을 간접 화법으로 바꾸기: can을 could로 바꾼다.
- must가 들어간 문장을 간접 화법으로 바꾸기: would have to나 had to로 바꾼다.

1

writing WORK

SUBSTITUTION table

바꿔 쓰기

주어진 문장을 참고하여 단어를 바꿔서 새로운 문장을 만들어 보세요.

The clerk said I could get a refund at the customer service center.

점원은 제가 고객서비스센터에서 환불을 받을 수 있을 거라고 말했어요.

도전 문장 ❶	여종업원이 제가 샐러드바 이용을 시작해도 된다고 말했어요.	could

직접화법 The waitress said, "You can start with the salad bar."

간접화법

도전 문장 ❷	제 상사가 제가 하루 쉬어도 된다고 말했어요.	could

직접화법 My boss said, "You can take a day off."

간접화법

2

My father said he would be a little bit late.

제 아버지는 조금 늦을 거라고 말씀하셨어요.

도전 문장 ❶	제 부모님은 두 분이 같은 장소에 갈 거라고 말씀하셨어요.	the same

직접화법 My parents said, "We will go to the same place."

간접화법

도전 문장 ❷	제 남동생이 부모님에게 이를 거라고 말했어요.	let

직접화법 My younger brother said, "I will let our parents know."

간접화법

Second Hint

1
clerk 점원
get a refund 환불 받다
customer service center 고객 서비스 센터
waitress 여종업원
boss 사장, 상사

—

2
parents 부모

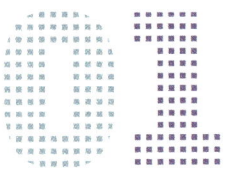

3

Our teacher said we had to
prepare for the test.

우리 선생님은 우리가 시험 준비를 해야 한다고 말씀하셨어요.

도전 문장 ❶ 우리 선생님은 제가 그것을 가져와야 한다고 말씀하셨어요.

`bring ~ with`

직접화법   Our teacher said, "You have to bring it with you."

간접화법

도전 문장 ❷ 우리 선생님은 제가 선생님을 따라해야 한다고 말씀하셨어요.

`repeat after`

직접화법   Our teacher said, "You have to repeat after me."

간접화법

Second Hint

4

prepare for
~에 대비하다

repeat after
~을 따라 말하다

writing WORK

ADD detail

살 붙여 쓰기

내용상 흐름이 자연스럽게 이어지도록 주어진 문장의 앞과 뒤에 문장을 추가해 짧은 문단을 만들어 보는 순서입니다.
주어진 단어를 순서에 맞게 배열하여 완성 문장을 만들어 보세요.

1

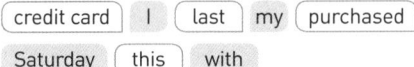
[credit card] [I] [last] [my] [purchased] [Saturday] [this] [with]

저는 지난 토요일에 제 신용 카드로 이것을 구입했어요.

The clerk said I could get a refund at the customer service center.

점원은 제가 고객서비스센터에서 환불을 받을 수 있을 거라고 말했어요.

[didn't even] [I] [open] [the box] [yet]

저는 아직 상자도 열지 않았어요.

2

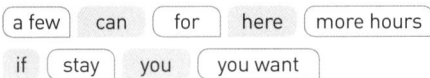
[a few] [can] [for] [here] [more hours] [if] [stay] [you] [you want]

당신이 원한다면 당신은 여기에 몇 시간 더 머물러도 돼요.

My father said he would be a little bit late.

제 아버지께서 조금 늦을 거라고 말씀하셨거든요.

[at around 5] [be here] [he] [probably] [will]

아버지는 아마 5시쯤 여기 오실 거예요.

Second Hint

1
purchase 구입하다

—

2
probably 아마

3

around | corner | is | the | the examination day

시험일이 코앞이에요.

Our teacher said we had to prepare for the test.

우리 선생님은 우리가 시험 준비를 해야 한다고 말씀하셨어요.

specific | for | gave | guidance | he | the test | us

선생님께서는 시험을 위한 구체적인 안내를 해주셨어요.

Second Hint

3

around the corner
코앞에 있는, 매우 가깝게 있는
specific 구체적인
guidance 안내

writing WORK 03

write AGAIN
다시 쓰기
앞서 만든 짧은 문단 전체를 이어서 다시 써 보세요.

1

저는 지난 토요일에 제 신용 카드로 이것을 구입했어요. 점원은 제가 고객서비스센터에서 환불을 받을 수 있을 거라고 말했어요. 저는 아직 상자도 열지 않았어요.

2

당신이 원한다면 당신은 여기에 몇 시간 더 머물러도 돼요. 제 아버지께서 조금 늦을 거라고 말씀하셨거든요. 아버지는 아마 5시쯤 여기 오실 거예요.

3

시험일이 코앞이에요. 우리 선생님은 우리가 시험 준비를 해야 한다고 말씀하셨어요. 선생님께서는 시험을 위한 구체적인 안내를 해주셨어요.

여기서 끝이 아니다!
Speed Writing Book에서
빨리 쓰기 훈련을 통해
★완전히 내 것으로 소화시키세요.

Training **82** 조동사가 쓰인 직접 화법을 간접 화법으로 바꾸기

QUESTIONing

질문 & 답변 문장 만들기

Wh- question 또는 일반의문문의 문장을 만들어 보세요. 그런 다음 그 질문에 답하는 문장을 써 보세요.

1

A **The clerk said I could** get a refund at the customer service center.

B 그걸 언제 구입했는데? `purchase`

A 지난 수요일에 그걸 구입했어. `last`

2

A **My father said he would** be a little bit late.

B 넌 뭘 할 거니? `going to`

A 서둘러 들어오시라고 아빠한테 계속 전화할 거야. `keep • hurry`

3

A **Our teacher said we had to** prepare for the test.

B 선생님(he)이 너희들에게 깐깐하시니? `tough on`

A 아니, 선생님은 느긋하셔. `easygoing`

Second Hint

3
tough 어려운, 깐깐한
easygoing 느긋한, 게으른

writing WORK 05

PERFECT sentence

완벽한 문장 쓰기

'간접 화법'을 사용하여 문법상 오류가 없는 완벽한 문장을 만들어 보세요.

1 A man sitting next to me said that I could

2 The message from Ted said that we should

3 The teacher is saying that we can

4 The sign on the road says that cars in the right lane must

5 My sister keeps saying that she could

Training 83

의문사 + to부정사

이번 과에서는 '의문사+to부정사' 표현을 사용하여 문장을 만드는 훈련을 해 봅니다.

다음 문법 지식을 알아두면
문장을 만들 때 훨씬 쉽게 만들 수 있습니다.

TARGET GRAMMAR

- 의문사 + to 부정사

  Ex. what to do 무엇을 할지
  how to go 어떻게 갈지
  which to see 어느 것을 볼지

- '의문사 + to 부정사'를 동사의 목적어로 쓸 수 있다.

  Ex. I know **what to do**. 나는 무엇을 할지 알아요.

- '의문사 + to 부정사'를 be동사의 보어로 쓸 수 있다.

  Ex. This is **what to do**. 이것이 해야 할 일이야.

1

writing WORK

SUBSTITUTION table

바꿔 쓰기

주어진 문장을 참고하여 단어를 바꿔서 새로운 문장을 만들어 보세요.

I don't know **what to do** next.
그 다음 무엇을 해야 할지 모르겠네요.

도전 문장 ❶ 그 다음 무엇을 해야 할지 정확히 알아요. `exactly`

도전 문장 ❷ 이것에 관해서 무엇을 말해야 할지 모르겠네요. `say about`

2

I want to learn **how to drive**.
저는 어떻게 운전하는지 배우고 싶어요.

도전 문장 ❶ 저는 어떻게 요리하는지 정말 배우고 싶어요. `cook`

도전 문장 ❷ 그녀는 어떻게 그것을 작동시키는지 배울 필요가 있어요. `operate`

3

Please tell me **when to stop**.
언제 멈춰야 하는지 말해줘요.

도전 문장 ❶ 언제 다시 스케줄을 짜야 하는지 알려줘요. `reschedule`

도전 문장 ❷ 언제 시작해야 하는지 조언해줘요. `advise`

Second Hint

1
exactly 정확히
—
2
drive 운전하다
operate 작동시키다
—
3
reschedule 스케줄을 다시 잡다
advise 조언하다

4

I can't decide where to search first.
저는 먼저 어디를 찾아야 하는지 결정 못하겠어요.

도전 문장 ❶ 그는 어디를 겨냥해야 하는지 제게 말해줬어요.　　　aim

도전 문장 ❷ 저는 어디를 봐야 하는지 눈치챘어요.　　　noticed

Second Hint

4
search 찾다
aim 겨냥하다
notice 알아채다

writing WORK 02

ADD detail

살 붙여 쓰기

내용상 흐름이 자연스럽게 이어지도록 주어진 문장의 앞과 뒤에 문장을 추가해 짧은 문단을 만들어 보는 순서입니다.
주어진 단어를 순서에 맞게 배열하여 완성 문장을 만들어 보세요.

1

`application form` `filled out` `I` `just` `this` 저는 방금 이 신청서를 작성했어요.

I don't know what to do next. 그 다음 무엇을 해야 할지 저는 모르겠네요.

`to bring` `I` `the application` `to the desk` `was told` 저는 신청서를 데스크로 가지고 오라는 얘기를 들었어요.

2

`drive` `for me` `how to` `is` `it` `time` `to learn` 운전하는 법을 배울 때가 됐어요.

I want to learn how to drive. 저는 어떻게 운전하는지 배우고 싶어요.

`I` `a fast learner` `am` `can` `fast` `I` `learn` `so` 저는 (뭐든) 빨리 배우는 사람이니까 금방 배울 수 있을 거예요.

Second Hint

1
application
신청(서), 지원(서)
form 양식

Training **83** 의문사+to부정사

3

`going` `I` `keep` `this way` `will`

Please tell me when to stop.

`drop` `I` `then` `will` `you off`

저는 이 길로 계속 갈게요.

언제 멈춰야 하는지 말해 줘요.

그러면, 제가 당신을 내려드릴게요.

4

`about` `any` `clues` `don't` `have` `I` `it`

I can't decide where to search first.

`begin` `helpful` `I` `if` `it` `knew` `very` `where to` `would be`

저는 그것에 관해 아무 단서도 없어요.

먼저 어디를 찾아야 하는지 저는 결정을 못하겠어요.

제가 어디서 시작해야 하는지 알면 아주 도움이 될 텐데 말이죠.

Second Hint

3
keep -ing
계속해서 ~하다
drop off ~을 내려주다

4
clue 단서, 실마리
at first 처음에
helpful 도움이 되는

writing WORK

write AGAIN

다시 쓰기

앞서 만든 짧은 문단 전체를 이어서 다시 써 보세요.

1

저는 방금 이 신청서를 작성했어요. 그 다음 무엇을 해야 할지 저는 모르겠네요. 저는 신청서를 데스크로 가지고 오라는 얘기를 들었어요.

2

운전하는 법을 배울 때가 됐어요. 저는 어떻게 운전하는지 배우고 싶어요. 저는 (뭐든) 빨리 배우는 사람이니까 금방 배울 수 있을 거예요.

3

저는 이 길로 계속 갈게요. 언제 멈춰야 하는지 말해 줘요. 그러면, 제가 당신을 내려드릴게요.

여기서 끝이 아니다!
Speed Writing Book에서
빨리 쓰기 훈련을 통해
완전히 내 것으로 소화시키세요.

4

저는 그것에 관해 아무 단서도 없어요. 먼저 어디를 찾아야 하는지 저는 결정을 못하겠어요. 제가 어디서 시작해야 하는지 알면 아주 도움이 될 텐데 말이죠.

writing WORK 04

QUESTIONing

질문 & 답변 문장 만들기

Wh- question 또는 일반의문문의 문장을 만들어 보세요. 그런 다음 그 질문에 답하는 문장을 써 보세요.

1

A I don't know **what to do** next.
B 그에게 물어보는 것이 어때? `ask`

A 나도 같은 생각을 하고 있는 중이었어. `the same`

2

A I want to learn **how to drive**.
B 운전대를 잡아본 적 있어요? `have • behind • wheel`

A 그냥 재미삼아서요. `for fun`

3

A Please tell me **when to stop**.
B 계속 가세요. `keep`

A 지금 멈춰도 돼요? `can`

Second Hint

1
next 다음에
—
2
for fun 재미로

Training 83 의문사+to부정사

4

A I can't decide where to search first.
B 내가 언급한 거기 찾아봤어?   `the one • mentioned`

A 아니.   `didn't`

Second Hint

4
mention 언급하다

writing WORK 05

PERFECT sentence

완 벽 한
문장 쓰기

'의문사+to부정사'를 사용하여 문법상 오류가 없는 완벽한 문장을 만들어 보세요.

1 where to " _____ "

2 how to " _____ "

3 when to " _____ "

4 what to " _____ "

5 which one to " _____ "

Training 83 의문사+to부정사

> review 앞서 써 본 문장들을 확실히 기억하고 있는지 빈칸을 채워 문장을 완성해 보세요.

1 그는 말했어요. "나는 다시는 너에게 그런 말을 하지 않을게."
   He said,

2 그녀가 말했어요. "제가 나머지 뒷정리를 할게요."
   She said,

3 그녀는 말했어요. "내가 너와 함께하지 못해 미안해."
   She said,

4 그 표지판에 쓰여 있기를, "쓰레기를 내놓는 것을 잊지 마세요!"
   The sign said,

5 저는 말하려고 했어요. "그것은 너무 작은 사이즈야."라고.
   I

6 저는 말하려고 했어요. "그것은 30분짜리 수업이 될 거야."라고.
   I am going to say,

7 여종업원이 제가 샐러드바 이용을 시작해도 된다고 말했어요.
   The waitress said

8 제 상사가 제가 하루 쉬어도 된다고 말했어요.
   My boss said

9 제 부모님은 두 분이 같은 장소에 갈 거라고 말씀하셨어요.
   My parents said

review & practice

review

10 제 남동생이 부모님에게 이를 거라고 말했어요.

My younger brother said   .

11 우리 선생님은 제가 그것을 가져 와야 한다고 말씀하셨어요.

Our teacher said   .

12 우리 선생님은 제가 선생님을 따라해야 한다고 말씀하셨어요.

Our teacher said   .

13 그 다음 무엇을 해야 할지 제가 정확히 알아요.

I   .

14 이것에 관해서 무엇을 말해야 할지 저는 모르겠네요.

I   .

15 저는 어떻게 요리하는지 정말 배우고 싶어요.

I   .

16 그녀는 어떻게 그것을 작동시키는지 배울 필요가 있어요.

She   .

17 언제 시작해야 하는지 조언해줘요.

Please   .

18 저는 어디를 봐야 하는지 눈치챘어요.

I   .

Practice 앞에서 배운 문장 구조를 토대로 주어진 서술형 과제를 완성해 보세요.

서 술 하 기 Description & Narration

다음 주제에 대해 찬성(Pros)과 반대(Cons) 입장을 가정하여 주어진 단어를 사용하여 문장을 만들어 보세요.

TOPIC: Human Cloning

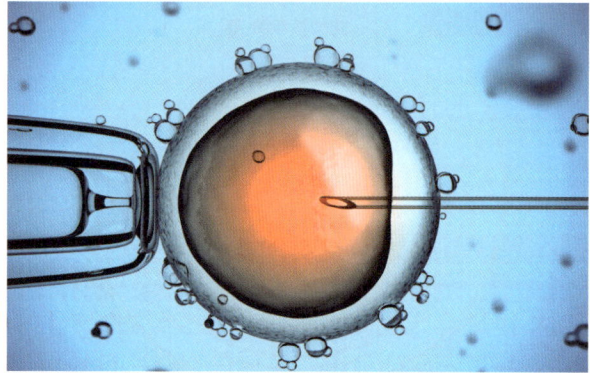

Pros:
- save
- solve
- much easier
- develop
- disease

Cons:
- against
- cause
- interfere
- discriminate
- create

1. "I'll never say that again to you"
2. "I'll do the rest"
3. "I am sorry that I can't join you"
4. "Don't forget to take out the garbage!"
5. was going to say, "It's a size too small"
6. "It will be a thirty-minute lesson"
7. that I could start with the salad bar
8. that I could take a day off
9. that they would go to the same place
10. that he would let our parents know
11. that I had to bring it with me
12. that I had to repeat after the teacher/him/her
13. know exactly what to do next
14. don't know what to say about this
15. really want to learn how to cook
16. needs to learn how to operate it
17. advise me when to begin
18. noticed where to look

Sample Writing:

Pros:

`save` — Cloning can **save** people's lives.

`solve` — Cloning can **solve** many medical mysteries, including cancer.

`much easier` — It will be **much easier** to find organs for transplant operations.

`develop` — Many medical advances can be **develop**ed through cloning.

`disease` — Cloning can help cure **disease**s.

Cons:

`against` — Many people are **against** the idea of cloning.

`cause` — Cloning could **cause** people to lose respect for life.

`interfere` — Cloning may **interfere** with Nature.

`discriminate` — People who can afford cloning might **discriminate** against those who cannot.

`create` — Cloning can **create** new problems.

관계대명사 that

이번 과에서는 관계대명사 that을 활용하여 문장을 만드는 훈련을 해 봅니다.

다음 문법 지식을 알아두면
문장을 만들 때 훨씬 쉽게 만들 수 있습니다.

TARGET GRAMMAR

- 반복되는 명사 중 뒤에 있는 것을 that으로 바꾼다.

  Ex. I spent the money. You gave me the money. 저는 그 돈을 썼어요. 당신이 그 돈을 저에게 주었잖아요.
  I spent the money. You gave me that. 저는 그 돈을 썼어요. 당신이 그것을 저에게 주었잖아요.

- 이 that을 포함하고 있는 문장을 반복되는 명사 the money 뒤에 쓴다.

  Ex. I spent the money **that** you gave me. 저는 당신이 제게 준 그 돈을 썼어요.

writing WORK 01

SUBSTITUTION table

바꿔 쓰기

주어진 문장을 참고하여 단어를 바꿔서 새로운 문장을 만들어 보세요.

1

This is the only way that can make a profit.
이것이 이윤을 낼 수 있는 유일한 길이에요.

도전 문장 ❶ 이것이 우리가 돈을 벌 수 있는 유일한 길은 아니에요.   `make money`

도전 문장 ❷ 이것이 사람들의 관심을 끌 수 있는 가장 가능성 있는 길이에요.
`the best possible • draw`

2

What was the title of the song that we just listened to?
우리가 방금 들은 그 노래의 제목이 뭐예요?

도전 문장 ❶ 우리가 지난주에 본 그 영화의 제목이 뭐예요?   `the title of`

도전 문장 ❷ 우리가 며칠 전에 먹은 그 음식의 이름이 뭐예요?   `a few days ago`

Second Hint

1
profit 이윤
make money 돈을 벌다
possible 가능한
draw 끌다
attention 관심

2
title 제목

Training 85 관계대명사 that

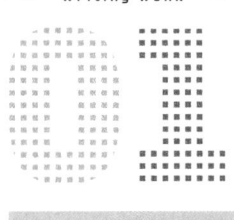

writing WORK 01
SUBSTITUTION table

3

This is one of the ideas that helps us resolve our problem.

이것이 우리의 문제를 푸는 데 도움이 되는 아이디어들 중 하나예요.

도전 문장 ❶ 이것이 최신 경향을 말해주는 스타일들 중 하나예요.   `the latest trend`

도전 문장 ❷ 이것이 제 바지와 어울리는 셔츠들 중 하나예요.   `matches`

Second Hint

3
resolve (문제를) 풀다
latest 최신의
trend 경향
match ~와 어울리다
pants 바지

writing WORK 02

ADD detail

살 붙여 쓰기

내용상 흐름이 자연스럽게 이어지도록 주어진 문장의 앞과 뒤에 문장을 추가해 짧은 문단을 만들어 보는 순서입니다.
주어진 단어를 순서에 맞게 배열하여 완성 문장을 만들어 보세요.

1

[our] [have] [products] [to promote]
[several] [tried out] [ways] [we]

우리는 우리 제품들을 홍보하기 위해 여러 가지 방법을 써봤어요.

This is the only way that can make a profit.

이것이 이윤을 낼 수 있는 유일한 길이에요.

[been proven] [compared to] [effective]
[has] [others] [the most] [this]
[to be] [way]

이것이 다른 방법들과 비교해 봤을 때 가장 효과적인 방법이라는 것이 증명되었어요.

2

[by] [fascinated] [I] [of] [the]
[melody] [the song] [was]

저는 그 노래의 멜로디에 (완전히) 반했어요.

What was the title of the song that we just listened to?

우리가 방금 들은 그 노래의 제목이 뭐예요?

[I] [made] [song] [the] [know] [want to]
[who]

저는 그 노래를 누가 만들었는지 알고 싶어요.

Second Hint

1
product 제품
promote 홍보하다
several 여러 개의
try out 시도하다
prove 증명하다
compared to ~와 비교하여
effective 효과적인
others 다른 것들

2
be fascinated by ~에 매혹되다, ~에 반하다

writing WORK 02
ADD detail

3

`a budget` `difficulties` `faced` `in` `obtaining` `recently` `we`

최근 우리는 예산을 확보하는 데 어려움에 직면했어요.

This is one of the ideas that helps us resolve our problem.

이것이 우리의 문제를 푸는 데 도움이 되는 아이디어들 중 하나예요.

`we` `breathe` `time` `some` `have` `to` `finally`

우리는 마침내 한숨 돌리게 됐어요.

Second Hint

3
face 직면하다
obtain 획득하다, 얻다
recently 최근에
budget 예산
breathe 숨을 쉬다
finally 마침내

writing WORK 03

write AGAIN
다시 쓰기
앞서 만든 짧은 문단 전체를 이어서 다시 써 보세요.

1

우리는 우리 제품들을 홍보하기 위해 여러 가지 방법을 써봤어요. 이것이 이윤을 낼 수 있는 유일한 길이에요. 이것이 다른 방법들과 비교해 봤을 때 가장 효과적인 방법이라는 것이 증명되었어요.

2

저는 그 노래의 멜로디에 (완전히) 반했어요. 우리가 방금 들은 그 노래의 제목이 뭐예요? 저는 그 노래를 누가 만들었는지 알고 싶어요.

3

최근 우리는 예산을 확보하는 데 어려움에 직면했어요. 이것이 우리의 문제를 푸는 데 도움이 되는 아이디어들 중 하나예요. 우리는 마침내 한숨 돌리게 됐어요.

여기서 끝이 아니다!
Speed Writing Book에서
빨리 쓰기 훈련을 통해
완전히 내 것으로 소화시키세요.

Training **85** 관계대명사 that

writing WORK

QUESTIONing

질문 &
답변 문장
만들기

Wh- question 또는 일반의문문의 문장을 만들어 보세요. 그런 다음 그 질문에 답하는 문장을 써 보세요.

1

Q This is **the only way that** can make a profit.

B 다른 방법이 있어요? `any other`

A 제가 아는 한, 이것이 유일한 방법이에요. `as far as`

2

Q What was **the title of the song that** we just listened to?

B 그게 내 혀끝에서 맴도네. `on the tip of my tongue`

A 그게 *You Raise Me Up* 아니었니? `wasn't`

3

Q This is **one of the ideas that** helps us resolve our problem.

B 전적으로 동감이야. `couldn't • more`

A 그건 그렇고, 그게 누구의 아이디어였니? `by the way`

Second Hint

1
as far as ~하는 한

2
tongue 혀

writing WORK 05

PERFECT sentence
완벽한 문장 쓰기

'관계대명사 that'을 사용하여 문법상 오류가 없는 완벽한 문장을 만들어 보세요.

1 the building that

2 the phenomenon that

3 the consistent pattern that

4 the rumor that

5 the unprecedented event that

Training 85 관계대명사 that

관계대명사 who, which

이번 과에서는 관계대명사 who, which를 활용하며 문장을 만드는 훈련을 해 봅니다.

다음 문법 지식을 알아두면
문장을 만들 때 훨씬 쉽게 만들 수 있습니다.

TARGET GRAMMAR

관계대명사 who   앞에 오는 명사가 사람인 경우, 그 명사를 부연 설명하는 말을 관계대명사 who로 연결해 준다.

사람 명사 — 관계대명사 who

Ex. I met **someone who knew you**. 저는 당신을 아는 어떤 사람을 만났어요.

관계대명사 which   앞에 오는 명사가 사물인 경우, 그 명사를 부연 설명하는 말을 관계대명사 which로 연결해 준다.

사물 명사 — 관계대명사 which

Ex. This is a chance **which comes rarely**. 이것은 아주 드물게 오는 기회예요.

1

He is not a man who gets angry easily.
그는 쉽게 화를 내는 사람이 아니에요.

도전 문장 ❶ 그는 다른 사람들을 무시하는 사람이 아니에요.   `ignores`

도전 문장 ❷ 그는 자신의 약속을 지키는 사람이에요.   `keeps his word`

writing WORK 01

SUBSTITUTION table

바꿔 쓰기

주어진 문장을 참고하여 단어를 바꿔서 새로운 문장을 만들어 보세요.

2

I'm planning to meet him and have a private talk which may lead us into a new relationship.
저는 그를 만나서 우리를 새로운 관계로 인도할지 모르는 개인적인 대화를 나눠볼 계획이에요.

도전 문장 ❶ 저는 그녀를 만나서 그녀의 그들과의 관계에 변화를 줄지도 모르는 그 사실을 말해줄 계획이에요.   `truth • change • with`

도전 문장 ❷ 저는 그를 만나 (자칫) 민감해질 수 있는 대화를 하는 것을 망설이고 있는 중이에요.   `hesitating • sensitive`

Second Hint

1
angry 화가 난
ignore 무시하다
keep one's word 약속을 지키다

2
plan to ~할 계획이다
private 개인적인
relationship 관계
hesitate 망설이다
sensitive 민감한

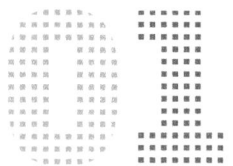

3

He left home at 7 a.m. which is
too early to go to school.

그는 학교 가기에는 좀 이른 아침 7시에 집을 나섰어요.

도전 문장 ❶ 그는 집에 돌아가기에는 좀 이른 점심 시간 뒤에 교실을 나섰어요. `go back`

도전 문장 ❷ 그는 누군가에게 전화하기에는 좀 늦은 밤에 저에게 전화했어요. `at night`

Second Hint

3
early 이른
go back 돌아가다

writing WORK 02

ADD detail

살 붙여 쓰기

내용상 흐름이 자연스럽게 이어지도록 주어진 문장의 앞과 뒤에 문장을 추가해 짧은 문단을 만들어 보는 순서입니다.
주어진 단어를 순서에 맞게 배열하여 완성 문장을 만들어 보세요.

1

`behave` `for him` `in` `is` `it` `that way` `to` `unusual`

그가 그런 식으로 행동하는 것은 드문 일이에요.

He is not a man who gets angry easily.

그는 쉽게 화를 내는 사람이 아니거든요.

`behind` `don't` `it` `know` `must be` `reason` `some` `there` `we`

분명 우리가 모르는 어떤 이유가 뒤에 있는 거예요.

2

`argument` `had` `have not` `to him` `I` `since` `I` `talked` `with him` `a big`

그와 큰 다툼이 있은 후로 저는 그와 대화를 하지 않고 있어요.

I'm planning to meet him and have a private talk which may lead us into a new relationship.

저는 그를 만나서 우리를 새로운 관계로 인도할 지도 모를 개인적인 대화를 나눠 볼 계획이에요.

`a` `for a long time` `cold` `with him` `is` `not` `it` `necessary` `to have` `relationship`

그와 오랫동안 냉랭한 관계를 유지할 필요는 없거든요.

Second Hint

1
behave 행동하다
unusual 드문
easily 쉽게

—

2
argument 다툼

writing WORK 02
ADD detail

3

already gone | had | he | his home
I | school | to | went to | when

제가 그의 집에 갔을 때, 그는 이미 학교에 가고 없었어요.

He left home at 7 a.m. which is too early to go to school.

그는 학교 가기에는 좀 이른 아침 7시에 집을 나섰어요.

catch up with | him | I | to | ran

저는 그를 따라잡으려고 뛰어 갔어요.

Second Hint

3
catch up with ~을 따라잡다

writing WORK 03

write AGAIN

다시 쓰기

앞서 만든 짧은 문단 전체를 이어서 다시 써 보세요.

1

그가 그런 식으로 행동하는 것은 드문 일이에요. 그는 쉽게 화를 내는 사람이 아니거든요. 분명 우리가 모르는 어떤 이유가 뒤에 있는 거예요.

2

그와 큰 다툼이 있은 후로 저는 그와 대화를 하지 않고 있어요. 저는 그를 만나서 우리를 새로운 관계로 인도할 지도 모르는 개인적인 대화를 나눠볼 계획이에요. 그와 오랫동안 냉랭한 관계를 유지할 필요는 없거든요.

3

제가 그의 집에 갔을 때, 그는 이미 학교에 가고 없었어요. 그는 학교 가기에는 좀 이른 아침 7시에 집을 나섰어요. 저는 그를 따라잡으려고 뛰어갔어요.

여기서 끝이 아니다!
Speed Writing Book에서
빨리 쓰기 훈련을 통해
완전히 내 것으로 소화시키세요.

writing WORK

QUESTIONing
질 문 &
답변 문장
만 들 기

Wh- question 또는 일반의문문의 문장을 만들어 보세요. 그런 다음 그 질문에 답하는 문장을 써 보세요.

1

🅐 He is not **a man who** gets angry easily.

🅑 그가 나를 용서할까? `forgive`

🅐 물론, 그는 그럴 거야. `will`

2

🅐 I'm planning to meet him and have **a private talk which** may lead us into a new relationship.

🅑 그에게 생각할 시간을 줘보는 게 어때? `time to think`

🅐 여태까지 그에게 충분한 시간을 줬어. `have given`

3

🅐 He left home at **7 a.m. which** is too early to go to school.

🅑 그가 그렇게 이른 시간에 어디에 가려고 계획한 걸까? `plan to • such`

🅐 아무도 알 수 없지 뭐. `nobody`

Second Hint

1
get angry 화를 내다
forgive 용서하다

—

3
nobody 아무도

writing WORK

05

PERFECT sentence

완벽한 문장 쓰기

'관계대명사 who, which'를 사용하여 문법상 오류가 없는 완벽한 문장을 만들어 보세요.

1 All participants who

2 someone who

3 There is a list of the students who

4 This skirt, which

5 Show me the picture which

Training **86** 관계대명사 who, which

the thing that 주어+동사
= what 주어+동사

이번 과에서는 'the thing that 주어+동사' 문장을 'what 주어+동사'의 문형으로 바꾸어 쓸 수 있음을 이해하고 직접 문장을 만드는 훈련을 해 봅니다.

다음 문법 지식을 알아두면
문장을 만들 때 훨씬 쉽게 만들 수 있습니다.

TARGET GRAMMAR

- the thing that 만들기

    Ex. I do the thing. You want the thing. 저는 그 일을 해요. 당신은 그 일을 원해요.
      I do the thing. You want that. 저는 그 일을 해요. 당신은 그것을 원해요.
      I do **the thing that** you want. 저는 당신이 원하는 **그것**을 해요.

- the thing that을 what으로 고치기

    Ex. I know **the thing that** you want. 저는 당신이 원하는 **것**을 알아요.
      I know **what** you want. 저는 당신이 원하는 **것**을 알아요.

writing WORK 01

SUBSTITUTION table

바꿔 쓰기

주어진 문장을 참고하여 단어를 바꿔서 새로운 문장을 만들어 보세요.

1

You have to tell me what you did.
당신은 당신이 무엇을 했는지 저에게 말씀해 주셔야 돼요.

도전 문장 ❶ 당신은 당신이 (현재까지) 무엇을 했는지 제게 말할 필요가 없어요.　`have done`

도전 문장 ❷ 그들이 무엇을 했는지 누군가 제게 설명해줘야 돼요.　`explain`

2

What I learned in this course was what I need in the future.
이 코스에서 제가 배운 것은 제 장래에 필요한 것이었어요.

도전 문장 ❶ 당신 가방 속에 든 것은 제게 나중에 필요한 거예요.　`later`

도전 문장 ❷ 제가 그 (쌓아놓은) 더미에서 찾은 것은 제게 필요한 것이 아니었어요.　`in the pile`

Second Hint

1
explain 설명하다

2
course 코스
future 미래
pile 더미

writing WORK 01
SUBSTITUTION table

3

What you have eaten had not been cooked yet.
당신이 (방금) 먹은 것은 아직 다 익은 게 아니었어요.

도전 문장 ❶ 당신이 말한 것은 아무런 문제도 일으키지 않았어요. `caused`

도전 문장 ❷ 그가 요리한 것이 아직 제공되지 않았어요. `served`

Second Hint

3
cause 야기하다
serve 제공하다, 내다

1

from | I | hear it | to | want | you | directly

저는 당신에게서 직접 듣고 싶어요.

You have to tell me what you did.

당신은 당신이 무엇을 했는지 저에게 말씀해 주셔야 돼요.

a matter of | discovered | is | it | only | the truth | time | until | is

진실이 밝혀지는 것은 단지 시간 문제에 불과하거든요.

---

writing WORK 02

ADD detail

살 붙여 쓰기

내용상 흐름이 자연스럽게 이어지도록 주어진 문장의 앞과 뒤에 문장을 추가해 짧은 문단을 만들어 보는 순서입니다.
주어진 단어를 순서에 맞게 배열하여 완성 문장을 만들어 보세요.

2

about | I | skeptical | in the beginning | this course | was

저는 이 코스에 대해 처음에는 회의적이었어요.

What I learned in this course was what I need in the future.

이 코스에서 제가 배운 것은 제 장래에 필요한 것이었어요.

I | it | I | know | recommend | students | to | will definitely

제가 아는 학생들에게 분명히 추천할 거예요.

Second Hint

1
discover 발견하다

2
skeptical 회의적인
definitely 분명히, 확실히

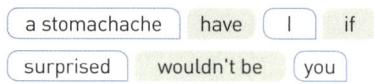

a stomachache | have | I | if | surprised | wouldn't be | you

What you have eaten had not been cooked yet.

for | on | it | moreover | sitting | the table | two days | was

저는 당신이 복통에 걸려도 놀라지 않을 거예요.

당신이 (방금) 먹은 것은 아직 다 익은 게 아니었거든요.

게다가, 그건 이틀 동안이나 식탁 위에 놓여 있었어요.

Second Hint

3

be surprised 놀라다
stomachache 복통, 위통
moreover 게다가

writing WORK 03

write AGAIN

다시 쓰기

앞서 만든 짧은 문단 전체를 이어서 다시 써 보세요.

1

저는 당신에게서 직접 듣고 싶어요. 당신은 당신이 무엇을 했는지 저에게 말씀해 주셔야 돼요. 진실이 밝혀지는 것은 단지 시간 문제에 불과하거든요.

2

저는 이 코스에 대해 처음에는 회의적이었어요. 이 코스에서 제가 배운 것은 제 장래에 필요한 것이었어요. 제가 아는 학생들에게 분명히 추천할 거예요.

3

저는 당신이 복통에 걸려도 놀라지 않을 거예요. 당신이 (방금) 먹은 것은 아직 다 익은 게 아니었거든요. 게다가, 그건 이틀 동안이나 식탁 위에 놓여 있었어요.

여기서 끝이 아니다!
Speed Writing Book에서 빨리 쓰기 훈련을 통해 완전히 내 것으로 소화시키세요.

Training **87** the thing that 주어+동사 = what 주어+동사

writing WORK

QUESTIONing

질문 & 답변 문장 만들기

Wh- question 또는 일반의문문의 문장을 만들어 보세요. 그런 다음 그 질문에 답하는 문장을 써 보세요.

1

Q You have to tell me **what you did**.

B 만일 내가 무엇을 했는지 네게 얘기하면, 너는 놀랄 거야.
　　　　　　　　　　　　　　　　　　　　what I did

A 말해 봐.　　　　　　　　　　　　　　　　try

2

Q **What I learned** in this course was what I need in the future.

B 두말하면 잔소리지.　　　　　　　　　　can • again

A 누구한테든 추천할 거야.　　　　　　　recommend

3

Q **What you have eaten** had not been cooked yet.

B 내게 좀 더 일찍 말해주었어야 했어.　　should have

A 얼마나 먹었니?　　　　　　　　　　　how much

writing WORK

05

PERFECT sentence

완벽한 문장 쓰기

'what + 주어 + 동사'의 문형을 사용하여 문법상 오류가 없는 완벽한 문장을 만들어 보세요.

1 what you said

2 what he tries to teach

3 what I mean

4 what I want to say

5 what they have

203

Training 87 the thing that 주어+동사 = what 주어+동사

the thing that 주어+be동사
= what 주어+be동사

이번 과에서는 'the thing that 주어+be동사' 문형을 'what 주어+be동사'로 바꾸어 쓸 수 있음을 이해하고 직접 문장을 만드는 훈련을 해 봅니다.

다음 문법 지식을 알아두면
문장을 만들 때 훨씬 쉽게 만들 수 있습니다.

TARGET GRAMMAR

- **the thing that 만들기**

    Ex. She noticed the thing. The thing was happening. 그녀는 그것을 눈치챘어요. 그것은 일어나는 중이에요.
    She noticed **the thing**. **That** was happening. 그녀는 **그것을** 눈치챘어요. **그것은** 일어나는 중이에요.
    She noticed **the thing that** was happening. 그녀는 일어나는 중인 **그것을** 눈치챘어요.

- **the thing that을 what으로 고치기**

    Ex. She noticed **the thing that** was happening. 그녀는 일어나는 중인 **그것을** 눈치챘어요.
    She noticed **what** was happening. 그녀는 **무슨 일이** 일어나는지 눈치챘어요.

writing WORK

01

SUBSTITUTION table

바꿔 쓰기

주어진 문장을 참고하여 단어를 바꿔서 새로운 문장을 만들어 보세요.

1

I want to know **what you are** going to do.
저는 당신이 무엇을 하려 하는지 알고 싶어요.

도전 문장 ❶ 저는 당신이 무엇을 하고 있는 중인지 보고 싶어요. `are doing`

도전 문장 ❷ 저는 당신이 무엇을 계획하고 있는 중인지 알고 싶었어요. `were planning`

2

What I am happy about here is that the living expense is cheap.
이곳에 대해 제가 행복하게 여기는 것은 생활비가 싸다는 거예요.

도전 문장 ❶ 그녀가 이곳에 대해 흥분하는 것은 근무 조건이 매우 좋다는 거예요. `working condition`

도전 문장 ❷ 제가 궁금한 점은 이 장소가 그동안 어떻게 보존되었냐는 거예요. `preserved`

Second Hint

2

living expense 생활비
working conditions 근무 조건
surrounding area 주변 지역

205

Training **88** the thing that = what +주어+be동사

writing WORK 01
SUBSTITUTION table

3

It was quite different from **what I was expecting.**
그건 제가 기대하고 있었던 것과는 사뭇 달랐어요.

도전 문장 ❶ 그것은 당신이 보여주고 있었던 것과 사뭇 비슷했어요. `similar to`

도전 문장 ❷ 그것은 다른 사람들이 말하고 있었던 것과 조금도 다르지 않았어요.
`quite the same with • other`

Second Hint

3
quite 꽤, 상당히
different 다른
expect 기대하다

1

(are) (bought) (not) (you) (me) (this)
(why) (you) (telling)

당신은 이것을 왜 샀는지 저에게 말하지 않고 있는데요.

I want to know what you are going to do.

저는 당신이 무엇을 하려 하는지 알고 싶어요.

(following) (I) (you) (keep) (me)
(tell) (until) (will) (you)

저는 당신이 제게 말할 때까지 당신을 따라다닐 거예요.

ADD detail

살 붙여 쓰기

내용상 흐름이 자연스럽게 이어지도록 주어진 문장의 앞과 뒤에 문장을 추가해 짧은 문단을 만들어 보는 순서입니다.
주어진 단어를 순서에 맞게 배열하여 완성 문장을 만들어 보세요.

2

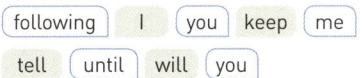
(about) (heard) (is different from) (you)
(the reality) (this place) (what)

이 장소에 대해서 당신이 들은 것은 현실과는 달라요.

What I am happy about here is that the living expense is cheap.

이곳에 대해 제가 행복하게 여기는 것은 생활비가 싸다는 거예요.

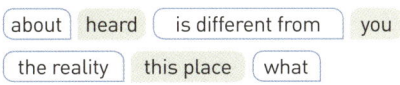
(you) (are) (feel like) (go) (you) (rich)
(shopping) (when) (you)

당신은 쇼핑할 때 당신이 부자인 것처럼 느껴질 거예요.

Second Hint

1
follow 따라가다

2
reality 현실, 실제 상황

3

be | know | I | it | this good
would | didn't

이게 이렇게 좋을지는 몰랐어요.

It is quite different from what I was expecting.

제가 예상하고 있었던 것과는 아주 다르네요.

have | earlier | I | come
here | should

제가 여기 좀 더 일찍 왔어야 했는데 말이죠.

Second Hint

3

earlier 더 일찍

writing WORK 03

write AGAIN
다시 쓰기

앞서 만든 짧은 문단 전체를 이어서 다시 써 보세요.

1

당신은 이것을 왜 샀는지 저에게 말하지 않고 있는데요. 저는 당신이 무엇을 하려 하는지 알고 싶어요. 저는 당신이 제게 말할 때까지 당신을 따라다닐 거예요.

2

이 장소에 대해서 당신이 들은 것은 현실과는 달라요. 이곳에 대해 제가 행복하게 여기는 것은 생활비가 싸다는 거예요. 당신은 쇼핑할 때 당신이 부자인 것처럼 느껴질 거예요.

3

이게 이렇게 좋을지는 몰랐어요. 제가 예상했던 것과는 아주 다르네요. 제가 여기 좀 더 일찍 왔어야 했는데 말이죠.

여기서 끝이 아니다!
Speed Writing Book에서
빨리 쓰기 훈련을 통해
★ 완전히 내 것으로 소화시키세요.

Training 88 the thing that = what +주어+be동사

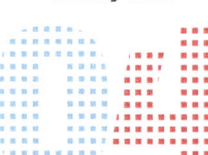

writing WORK

04 QUESTIONing

질문 & 답변 문장 만들기

Wh- question 또는 일반의문문의 문장을 만들어 보세요. 그런 다음 그 질문에 답하는 문장을 써 보세요.

1

A I want to know **what you are** going to do.

B 그냥 기다렸다가 봐봐.   `see`

A 너 또 문제를 일으키려고 그러는 거니?   `make trouble`

2

A **What I am happy** about here is that the living expense is cheap.

B 그게 얼마나 싸니?

A 30% 더 싸.   `cheaper`

3

A It is quite different from **what I was expecting**.

B 넌 무엇을 예상했는데?   `expect`

A 그것이 더 작을 거라고 생각했어.   `would be`

writing WORK 05

PERFECT sentence

완벽한 문장 쓰기

'what+주어+be동사'의 문형을 사용하여 문법상 오류가 없는 완벽한 문장을 만들어 보세요.

1 what it is

2 what I am saying

3 what you are good at

4 what she is doing

5 what he is missing

Training 88 the thing that = what +주어+be동사

review 앞서 써 본 문장들을 확실히 기억하고 있는지 빈칸을 채워 문장을 완성해 보세요.

1 이것이 우리가 돈을 벌 수 있는 유일한 길은 아니에요.
   This is not   .

2 이것이 사람들의 관심을 끌 수 있는 가장 가능성 있는 길이에요.
   This is   .

3 우리가 지난주에 본 그 영화의 제목이 뭐예요?
   What   ?

4 우리가 며칠 전에 먹은 그 음식의 이름이 뭐예요?
   What   ?

5 이것이 최신 경향을 말해주는 스타일들 중 하나예요.
   This is   .

6 이것이 제 바지와 어울리는 셔츠들 중 하나예요.
   This is   .

7 그는 다른 사람들을 무시하는 사람이 아니에요.
   He   .

8 그는 자신의 약속을 지키는 사람이에요.
   He   .

9 저는 그녀를 만나서 그들과 그녀의 관계에 변화를 줄지도 모르는 그 사실을 말해줄 계획이에요.
   I'm   .

review & practice

review

10 저는 그를 만나 (자칫) 민감해질 수 있는 대화를 하는 것을 망설이고 있는 중이에요.
I'm _____.

11 그는 집에 돌아가기에는 좀 이른 점심 시간 뒤에 교실을 나섰어요.
He _____.

12 그는 누군가에게 전화하기에는 좀 늦은 밤에 저에게 전화했어요.
He _____.

13 당신은 당신이 (현재까지) 무엇을 했는지 제게 말할 필요가 없어요.
You _____.

14 누군가 제게 그들이 무엇을 했는지 설명해줘야 돼요.
Somebody _____.

15 당신 가방 속에 든 것은 제게 나중에 필요한 거예요.
What _____.

16 당신이 말한 것은 아무런 문제도 일으키지 않았어요.
What _____.

17 저는 당신이 무엇을 계획하고 있는 중인지 알고 싶었어요.
I _____.

18 그것은 제가 가지고 있는 것과 꽤 비슷해요.
It _____.

Practice 앞에서 배운 문장 구조를 토대로 주어진 서술형 과제를 완성해 보세요.

서 술 하 기 **Description & Narration**

다음은 우리 반 학생들이 좋아하는 과일을 조사하여 그린 그래프입니다. 그래프를 보고 설명해 보세요.

review

1. the only way that we can make money
2. the best possible way that can draw people's attention
3. was the title of the movie that we saw last week
4. was the name of the food that we had a few days ago
5. one of the styles that tells us the latest trend
6. one of the shirts that matches my pants
7. is not a man who ignores other people
8. is a man who keeps his word
9. planning to meet her and tell the truth which may change her relationship with them
10. hesitating to meet him and have a conversation which may become sensitive
11. left the class after lunch which is too early to go back home
12. called me at night which is too late to call someone
13. don't have to tell me what you have done
14. has to explain me what they did
15. you have in your bag is what I need later
16. you have said has not been caused any trouble
17. wanted to know what you were planning to do
18. is quite similar to what I have

practice

Sample Writing:

We did a survey on our classmate's favorite fruit. Can you guess what the number one favorite was? It was strawberries! That's no surprise. Strawberries are delicious! Eight of our classmates picked strawberries as their favorite fruit. The next most popular fruit was bananas. Six students chose bananas as their favorite fruit. Apples and kiwis tied at five students each. The least popular fruit was oranges. Only three students picked oranges as their favorite.

형용사절을 형용사구로 바꾸기

이번 과에서는 관계대명사와 be동사(또는 일반명사)를 생략하고 대신 현재분사로
선행사를 꾸며주는 문장 쓰기를 훈련해 봅니다.

다음 문법 지식을 알아두면
문장을 만들 때 훨씬 쉽게 만들 수 있습니다.

TARGET GRAMMAR

- 관계대명사와 be동사를 생략한다.

    Ex. I saw a man (**who was**) running down the street. 저는 길 아래로 뛰어 내려가는 중인 한 남자를 보았어요.
    I saw a man **running down** the street. 저는 길 아래로 **뛰어 내려가는 중인** 한 남자를 보았어요.

- 관계대명사를 생략하고 일반 동사의 원형에 -ing를 붙인다.

    Ex. I saw a man (**who ran**) down the street. 저는 길 아래로 **뛰어 내려간** 한 남자를 보았어요.
    I saw a man **running down** the street. 저는 길 아래로 **뛰어 내려간** 한 남자를 보았어요.

1

The man recognized his friend wearing the same jacket.
그는 똑같은 재킷을 입고 있는 그의 친구를 알아보았어요.

도전 문장 ❶ 그 남자는 푸른색 셔츠를 입고 있는 다른 남자를 (손가락으로) 가리켰어요. `pointed at`

도전 문장 ❷ 그 남자는 티켓을 들고 있는 사람들을 확인했어요. `holding`

2

Who is the girl waving her hands at us?
우리에게 손을 흔들고 있는 그 여자는 누구예요?

도전 문장 ❶ 개를 데리고 자전거를 타고 있는 저 여자는 누구예요? `riding • with`

도전 문장 ❷ 제 바지에 잔뜩 묻어 있는 이 노란 게 뭐죠? `thing • covering`

3

How much is the T-shirt displayed in the window? 진열장에 전시되어 있는 티셔츠는 얼마예요?

도전 문장 ❶ 리본으로 포장된 그것은 얼마예요? `wrapped`

도전 문장 ❷ 사고로 깨진 그 안경은 얼마짜리였어요? `accident`

SUBSTITUTION table

바꿔 쓰기

주어진 문장을 참고하여 단어를 바꿔서 새로운 문장을 만들어 보세요.

Second Hint

1
recognize 알아보다
wear 입다
point 가리키다
hold 들고 있다

3
displayed 진열된
wrapped 포장된
accident 사고

writing WORK

ADD detail

살 붙여 쓰기

내용상 흐름이 자연스럽게 이어지도록 주어진 문장의 앞과 뒤에 문장을 추가해 짧은 문단을 만들어 보는 순서입니다.
주어진 단어를 순서에 맞게 배열하여 완성 문장을 만들어 보세요.

1

friend | he | his | stared at | the crowd | find | trying to

그는 그의 친구를 찾으려고 군중들을 응시하고 있었어요.

The man recognized his friend wearing the same jacket.

그는 똑같은 재킷을 입고 있는 그의 친구를 알아보았어요.

and | cross | gestured to | he | his name | the road | yelled

그는 친구의 이름을 소리쳐 부르며 길을 건너라고 손짓했어요.

2

clearly | is | it | to see | she | is | too far | who

너무 멀어 그녀가 누구인지 분명히 보이질 않아요.

Who is that girl waving her hands at us?

우리에게 손을 흔들고 있는 저 여자는 누구예요?

can't even | I | is | or | she | someone else | tell | at us | waving | whether

그녀가 우리에게 흔들고 있는 건지 다른 누군가에게 흔들고 있는 건지도 구분 못하겠어요.

Second Hint

1
stare 응시하다
crowd 군중
cross 가로지르다
yell 고함을 지르다

2
clearly 명확하게
tell 구분하다

writing WORK 02
ADD detail

3

[caught] [eye] [my] [your] [one of]
[T-shirts]

How much is the T-shirt displayed in the window?

[I] [on] [like] [the design] [the shirt]

당신의 티셔츠들 중 하나가 제 눈을 사로잡았어요.

진열장에 전시되어 있는 티셔츠는 얼마예요?

저는 그 셔츠 위에 새겨진 디자인이 마음에 들어요.

Second Hint

3
shirt 셔츠
catch eyes 눈을 사로잡다

writing WORK 03

write AGAIN
다시 쓰기

앞서 만든 짧은 문단 전체를 이어서 다시 써 보세요.

1

그는 그의 친구를 찾으려고 군중들을 응시하고 있었어요. 그는 똑같은 재킷을 입고 있는 그의 친구를 알아보았어요. 그는 친구의 이름을 소리쳐 부르며 길을 건너라고 손짓했어요.

2

너무 멀어 그녀가 누구인지 분명히 보이질 않아요. 우리에게 손을 흔들고 있는 저 여자는 누구예요? 그녀가 우리에게 흔들고 있는 건지 다른 누군가에게 흔들고 있는 건지도 구분 못하겠어요.

3

당신의 티셔츠들 중 하나가 제 눈을 사로잡았어요. 진열장에 전시되어 있는 티셔츠는 얼마예요? 저는 그 셔츠 위에 새겨진 디자인이 마음에 들어요.

여기서 끝이 아니다!
Speed Writing Book에서 빨리 쓰기 훈련을 통해
*완전히 내 것으로 소화시키세요.

writing WORK

QUESTIONing

질문 & 답변 문장 만들기

Wh- question 또는 일반의문문의 문장을 만들어 보세요. 그런 다음 그 질문에 답하는 문장을 써 보세요.

1

Q The man recognized **his friend wearing the same jacket**.

B 그들은 둘 다 같은 가게에서 그것을 산 게 분명해.　　　both · must have

Q 그 재킷이 대박인가 봐.　　　hitting the market

2

Q Who is **the girl waving her hands at us**?

B 또렷하게 보이질 않아.　　　clearly

Q 그게 노부요니?　　　is

3

Q How much is **the T-shirt displayed in the window**?

B 맨 위 왼쪽에 있는 거 말씀하시는 건가요?　　　on the top left

A 아뇨, 진열장 오른쪽 바닥에 있는 거요.　　　on the bottom right

Second Hint

1
store 가게
hit the market 대박을 치다

3
mean 의미하다
bottom right 오른쪽 바닥

writing WORK 05

PERFECT sentence
완벽한 문장 쓰기

'형용사구'를 사용하여 문법상 오류가 없는 완벽한 문장을 만들어 보세요.

1 rules guiding

2 experts performing

3 the message implying

4 the cases including

5 the reservation number confirming

Training 91
관계대명사의 계속적 용법과 제한적 용법

이번 과에서는 관계대명사의 계속적 용법과 제한적 용법을 이해하고
이를 활용하여 문장을 만드는 훈련을 해 봅니다.

다음 문법 지식을 알아두면
문장을 만들 때 훨씬 쉽게 만들 수 있습니다.

TARGET GRAMMAR

| 제한적 용법 | 관계대명사 앞에 콤마가 없는 문장 |

Ex. **The cookies which I ate** were very delicious.
제가 먹은 그 과자들은 아주 맛있었어요. (여러 과자 중 내가 먹은 것이 맛있었음. 다른 과자는 어떤지 모름)

| 계속적 용법 | 관계대명사 앞에 콤마가 있는 문장 |

Ex. **The cookies, which I ate,** were very delicious.
제가 먹은 그 과자들은 아주 맛있었어요. (모든 과자가 맛있었음)

writing WORK

SUBSTITUTION table

바꿔 쓰기

주어진 문장을 참고하여 단어를 바꿔서 새로운 문장을 만들어 보세요.

1

They know my plan. **The plan, which** is about quitting my job, is not a secret anymore.

그들은 제 계획을 알아요. 제가 직장을 그만두려 한다는 그 계획은 더 이상 비밀이 아니에요.

도전 문장 ① 그들은 제 아이디어를 알아요. 그것을 다시 디자인하겠다는 그 아이디어는 더 이상 비밀이 아니에요.
`redesigning`

도전 문장 ② 그들은 제 계획을 알아요. 일찍 시작하려고 하는 그 계획은 더 이상 비밀이 아니에요.
`ahead of time`

2

A: What is the story about? 그 이야기는 무엇에 관한 거예요?
B: **The story which** I heard from her was shocking.

그 여자에게서 제가 들은 그 이야기는 충격적이었어요.

도전 문장 ① A: 그 이야기는 무엇에 관한 거예요?
B: 그 여자에게서 당신이 들을 그 이야기는 당신에게 충격을 줄 거예요.
`will • shock`

Second Hint

1
quit 그만두다
secret 비밀
redesign 재디자인하다
ahead of time 미리

2
shocking 충격적인
surprise 놀라운 것

도전 문장 ❷ A: 그 이야기는 무엇에 관한 거예요?
B: 그 여자가 우리에게 해준 그 이야기는 놀라운 것이었어요. told • surprise

3

A: Where are the plates? 접시들이 어디에 있죠?
B: The plates, which you are looking for, are in the first drawer. 당신이 찾고 있는 그 접시들은 첫 번째 서랍 안에 있어요.

도전 문장 ❶ A: 접시들이 어디에 있죠?
B: 당신이 사용하고자 하는 그 접시들은 식탁 위에 있잖아요. use

도전 문장 ❷ A: 접시들이 어디에 있죠?
B: 당신이 제게 준 그 접시들은 아직 상자 안에 있어요. still

Second Hint

3
plate 접시
drawer 서랍
still 아직, 여전히

writing WORK 02
ADD detail
살 붙여 쓰기

내용상 흐름이 자연스럽게 이어지도록 주어진 문장의 앞과 뒤에 문장을 추가해 짧은 문단을 만들어 보는 순서입니다.
주어진 단어를 순서에 맞게 배열하여 완성 문장을 만들어 보세요.

1

They know my plan.

[I] [a] [announced that] [city] [different] [I] [move to] [was going to]

The plan, which is about quitting my job, is not a secret anymore.

[a] [coworkers] [going-away] [party] [for me] [my] [throw] [will]

그들은 제 계획을 알아요.

저는 제가 다른 도시로 이사 가려 한다는 것을 발표했어요.

제가 직장을 그만두려 한다는 그 계획은 더 이상 비밀이 아니에요.

제 동료들이 저를 위해 송별회를 해 줄 거예요.

2

A: What is the story about?

B: [the journey] [about] [after] [her] [her life] [is] [it] [of] [twenties]

The story which I heard from her was shocking.

[ears] [echoing] [her] [in] [is still] [my] [voice]

그 이야기는 무엇에 관한 거예요?

그것은 20대 이후의 그녀 삶의 여정에 대한 것이에요.

그녀에게서 제가 들은 이야기는 충격적이었어요.

그녀의 목소리가 아직도 제 귀에 맴돌고 있어요.

Second Hint

1
announce 발표하다
coworker 동료
going-away party 송별회
—
2
journey 여행
echo 메아리치다

3

A: Where are the plates?

접시들이 어디에 있죠?

B: [a minute] [and] [ago] [in] [placed] [the drawer] [them] [washed] [you]

조금 전에 당신이 그것들을 씻어서 서랍 안에 넣었잖아요.

The plates, which you are looking for, are in the first drawer.

당신이 찾고 있는 그 접시들은 첫 번째 서랍 안에 있어요.

[are wet] [be careful] [hands] [so] [take out] [you] [the plates] [when] [your]

당신 손이 젖어 있으니까 접시 꺼낼 때 조심하세요.

Second Hint

3
wash 씻다
wet 젖은
careful 조심스러운

write AGAIN
다시 쓰기

앞서 만든 짧은 문단 전체를 이어서 다시 써 보세요.

1

저는 제가 다른 도시로 이사 가려 한다는 것을 발표했어요. 제가 직장을 그만두려 한다는 그 계획은 더 이상 비밀이 아니에요. 제 동료들이 저를 위해 송별회를 해 줄 거예요.

2

그것은 20대 이후의 그녀 삶의 여정에 대한 것이에요. 그녀에게서 제가 들은 이야기는 충격적이었어요. 그녀의 목소리가 아직도 제 귀에 맴돌고 있어요.

3

조금 전에 당신이 그것들을 씻어서 서랍 안에 넣었잖아요. 당신이 찾고 있는 그 접시들은 첫 번째 서랍 안에 있어요. 당신 손이 젖어 있으니까 접시 꺼낼 때 조심하세요.

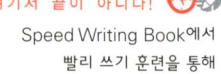

여기서 끝이 아니다!
Speed Writing Book에서
빨리 쓰기 훈련을 통해
완전히 내 것으로 소화시키세요.

writing WORK 04

QUESTIONing

질문 & 답변 문장 만들기

Wh- question 또는 일반의문문의 문장을 만들어 보세요. 그런 다음 그 질문에 답하는 문장을 써 보세요.

1

🅐 They know my plan. **The plan, which** is about quitting my job, is not a secret anymore.

🅑 나는 (지금까지) 그것에 관해 들은 게 없는데.
　　　　　　　　　　　　　　　　　haven't • anything

🅐 몰랐던 척하지 마.　　　　　　　pretend • didn't

2

🅐 What is the story about?

🅑 그녀에게 들은 이야기는 충격적이었어.　　which

🅐 그 이야기가 사실에 근거한 거니?　　based on

3

🅐 Where are the plates?

🅑 네가 찾고 있는 접시들은 첫 번째 서랍 안에 있어.
　　　　　　　　　　　　　　　　　　　　drawer

🅐 난 내가 다른 곳에 놔둔 줄 알았어.　someplace else

Second Hint

1
pretend ~인 체하다

2
based on ~에 근거한
fact 사실
someplace else 어딘가 다른 곳

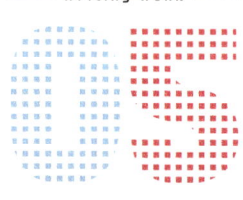

writing WORK 05

PERFECT sentence

완벽한 문장 쓰기

'관계대명사의 제한적 용법과 계속적 용법'을 사용하여 문법상 오류가 없는 완벽한 문장을 만들어 보세요.

1 the books which

2 the chairs which

3 the doors, which

4 the rooms which

5 the assigned seats which

review & practice

review 앞서 써 본 문장들을 확실히 기억하고 있는지 빈칸을 채워 문장을 완성해 보세요.

1. 그는 똑같은 재킷을 입고 있는 그의 친구를 알아보았어요.
   The man _____.

2. 그 남자는 푸른색 셔츠를 입고 있는 다른 남자를 (손가락으로) 가리켰어요.
   The man _____.

3. 그 남자는 티켓을 들고 있는 사람들을 확인했어요.
   The man _____.

4. 우리에게 손을 흔들고 있는 그 여자는 누구예요?
   Who _____?

5. 개를 데리고 자전거를 타고 있는 저 여자는 누구예요?
   Who _____?

6. 제 바지에 잔뜩 묻어 있는 이 노란 게 뭐죠?
   What _____?

7. 진열장에 전시되어 있는 티셔츠는 얼마예요?
   How much _____?

8. 리본으로 포장된 그것은 얼마예요?
   How much _____?

9. 사고로 깨진 그 안경은 얼마짜리였어요?
   How much _____?

Training 92

review

10 그들은 제 계획을 알아요. 제가 직장을 그만두려 한다는 그 계획은 더 이상 비밀이 아니에요.

They know my plan.

11 그들은 제 아이디어를 알아요. 그것을 다시 디자인하겠다는 그 아이디어는 더 이상 비밀이 아니에요.

They know my idea.

12 그들은 제 계획을 알아요. 일찍 시작하려고 하는 그 계획은 더 이상 비밀이 아니에요.

They know my plan.

13 그 여자에게서 당신이 들을 그 이야기는 당신에게 충격을 줄 거예요.

The story

14 그 여자가 우리에게 해준 그 이야기는 놀라운 것이었어요.

The story

review & practice

Practice 앞에서 배운 문장 구조를 토대로 주어진 서술형 과제를 완성해 보세요.

서 술 하 기 Description & Narration

다음의 속담이 함축하고 있는 뜻을 영어로 설명해 보세요.

도전 Challenge

No pain, no gain.

....
....
....
....

연습 Practice

Practice makes perfect.

....
....
....
....

시간 Time

Time flies like an arrow.

....
....
....
....

for review & practice

1. recognized his friend wearing the same jacket
2. pointed at another man wearing a blue shirt
3. checked people holding tickets
4. is the girl waving her hands at us
5. is the girl riding a bicycle with her dog
6. is this yellow thing covering my pants
7. is the T-shirt displayed in the window
8. is it wrapped with ribbons
9. were the glasses broken by accident
10. The plan, which is about quitting my job, is not a secret anymore
11. The idea, which is about redesigning it, is not a secret anymore
12. The plan, which is about starting ahead of time, is not a secret anymore
13. which you will hear from her will shock you
14. which she told us was a surprise

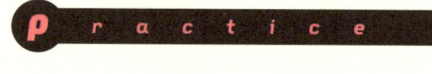

Sample Writing:

No pain, no gain.
This means that without effort, there is no success. We usually use this expression when we work out. If you work out hard, your muscles will become sore. But if you continue to do it, you will become stronger.

Practice makes perfect.
We hear this expression often when we study another language. The more we practice something, the better we become at that skill. If we do something over and over, like a habit, we become very good at doing it.

Time flies like an arrow.
This means that time passes by too quickly. My parents often say this when they look back on their lives. They think it seems like just yesterday that they were children.

such ~ that 쓰기

이번 과에서는 such ~ that 구문을 활용하여 문장을 만드는 훈련을 해 봅니다.

다음 문법 지식을 알아두면
문장을 만들 때 훨씬 쉽게 만들 수 있습니다.

TARGET GRAMMAR

- such가 들어간 문장 쓰기

    Ex. It was **such** a great idea. 그것은 대단한 아이디어였어요.

- that을 문장 앞에 써서 앞 명사를 꾸며주도록 형용사화시키기

    Ex. **that** everybody liked it 모두가 그것을 좋아했다는 것

- such와 that을 둘 다 쓰기

    Ex. It was **such** a great idea **that** everybody liked it. 그것은 워낙 대단한 아이디어여서 모두가 그것을 좋아했어요.

writing WORK 01

SUBSTITUTION table
바꿔 쓰기

주어진 문장을 참고하여 단어를 바꿔서 새로운 문장을 만들어 보세요.

1

It was **such** nice weather **that** we could go out and have fun.

날씨가 아주 좋아서 우리는 밖에 나가 즐거운 시간을 가질 수 있었어요.

도전 문장 ❶ 그것은 아주 멋진 장소여서 우리는 하루 종일 머물면서 즐겁게 보낼 수 있었어요. `stay all day`

도전 문장 ❷ 그것은 아주 좋은 기회여서 저는 경험을 쌓을 수 있었어요. `opportunity • build up`

2

This is **such** a great movie **that** I want to watch it over and over again.

이것은 아주 대단한 영화여서 저는 여러 번 반복해서 보고 싶어요.

도전 문장 ❶ 이것은 아주 대단한 책이어서 저는 처음부터 다시 읽고 싶어요. `all over again`

도전 문장 ❷ 이것은 아주 대단한 경기여서 모두가 (경기)하고 싶어 해요. `to play`

Second Hint

1
weather 날씨
opportunity 기회
build up 쌓다

2
play 경기를 하다

3

We had **such** a good time **that** we didn't want to leave.
우리는 아주 즐거운 시간을 가져서 떠나고 싶지 않았어요.

도전 문장 ❶ 저는 아주 즐거운 시간을 가져서 결코 잊지 못할 거예요. `will never`

도전 문장 ❷ 우리는 아주 즐거운 시간을 가지고 있는 중이라서 시간을 연장하고 싶어요. `having`

writing WORK 01
SUBSTITUTION table

Second Hint

3
forget 잊다
extend 연장하다

writing WORK

ADD detail

살 붙여 쓰 기

내용상 흐름이 자연스럽게 이어지도록 주어진 문장의 앞과 뒤에 문장을 추가해 짧은 문단을 만들어 보는 순서입니다.
주어진 단어를 순서에 맞게 배열하여 완성 문장을 만들어 보세요.

1

[waiting for] [had been] [it] [was] [that] [we] [the weather]
우리가 기다리던 날씨였어요.

It was such nice weather that we could go out and have fun.
날씨가 워낙 좋아서 우리는 밖에 나가 즐겁게 보낼 수 있었어요.

[again] [as long as] [do] [good] [is] [the weather] [it] [we will] [tomorrow]
날씨가 좋은 한, 우리는 내일도 또 할 거예요.

###

[don't] [I usually] [more] [movie] [than] [the same] [twice] [watch]
저는 보통 같은 영화를 두 번 이상 보지 않는데요.

This is such a great movie that I want to watch it over and over again.
이 영화는 워낙 대단한 영화라서 여러 번 반복해서 보고 싶어요.

[changed] [has] [I think] [of] [my view] [the world] [this movie]
제 생각에 이 영화가 세상에 대한 제 시각을 바꾼 것 같아요.

Second Hint

1
wait for ~을 기다리다
—
2
twice 두 번
view 관점, 시각

3

(everything) (fine) (perfectly) (went)

모든 일이 완벽하게 돌아갔어요.

We had such a good time that we didn't want to leave.

우리는 워낙 즐거운 시간을 가져서 떠나고 싶지 않았어요.

(something) (there) (to enjoy) (always) (was)

항상 뭔가 즐길 것이 있었거든요.

Second Hint

3
perfectly 완벽하게
enjoy 즐기다

다시 쓰기

앞서 만든 짧은 문단 전체를 이어서 다시 써 보세요.

1

우리가 기다리던 날씨였어요. 날씨가 워낙 좋아서 우리는 밖에 나가 즐겁게 보낼 수 있었어요. 날씨가 좋은 한, 우리는 내일도 또 할 거예요.

2

저는 보통 같은 영화를 두 번 이상 보지 않는데요. 이 영화는 워낙 대단한 영화라서 여러 번 반복해서 보고 싶어요. 제 생각에 이 영화가 세상에 대한 제 시각을 바꾼 것 같아요.

3

모든 일이 완벽하게 돌아갔어요. 우리는 워낙 즐거운 시간을 가져서 떠나고 싶지 않았어요. 항상 뭔가 즐길 것이 있었거든요.

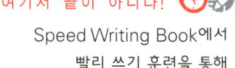

여기서 끝이 아니다!
Speed Writing Book에서 빨리 쓰기 훈련을 통해 완전히 내 것으로 소화시키세요.

writing WORK

04

QUESTIONing

질 문 &
답변 문장
만들기

Wh- question 또는 일반의문문의 문장을 만들어 보세요. 그런 다음 그 질문에 답하는 문장을 써 보세요.

1

Q It was **such** nice weather **that** we could go out and have fun.

B 오늘 어디 갔었는데? `today`

Q 우리는 근처에 있는 공원에 가서 축구를 했어. `nearby`

2

Q This is **such** a great movie **that** I want to watch it over and over again.

B 넌 지금까지 몇 번을 봤니? `times • have`

Q 열 번 넘는 것 같아. `I think`

3

Q We had **such** a good time **that** we didn't want to leave.

B 뭘 했는데? `do`

Q 많은 얘기를 했고 우리가 공통점이 아주 많다는 것을 알게 됐어. `found out • in common`

Second Hint

1
park 공원
nearby 근처에
play soccer 축구를 하다

2
watch 보다, 관람하다

3
find out 알게 되다
common 공통점

writing WORK 05

PERFECT sentence

완 벽 한
문장 쓰기

'such ~ that 구문'을 사용하여 문법상 오류가 없는 완벽한 문장을 만들어 보세요.

1 is such ~ that

2 was such ~ that

3 were such ~ that

4 was such ~ that

5 are such ~ that

Training 94

so ~ that 쓰기

이번 과에서는 so ~ that 구문을 활용하여 문장을 만드는 훈련을 해 봅니다.

다음 문법 지식을 알아두면
문장을 만들 때 훨씬 쉽게 만들 수 있습니다.

TARGET GRAMMAR

- so가 들어간 문장 쓰기

    Ex. The weather was **so** hot. 날씨가 **매우** 뜨거웠어요.

- that을 문장 앞에 그 문장을 명사화시키기

    Ex. **that** we didn't go out 우리가 외출하지 않았다는 것

- so와 that을 둘 다 쓰기

    Ex. The weather was **so** hot **that** we didn't go out. 날씨가 **워낙** 뜨거워서 우리는 외출하지 않았어요.

writing WORK 01

SUBSTITUTION table

바꿔 쓰기

주어진 문장을 참고하여 단어를 바꿔서 새로운 문장을 만들어 보세요.

1

I like it so much that I can spend all day doing it.
저는 그것을 아주 좋아해서 하루 종일 그걸 하면서 보낼 수 있어요.

도전 문장 ① 저는 그녀를 아주 좋아해서 그녀와 늦게까지 얘기했어요. `with • until`

도전 문장 ② 당신은 그것이 아주 마음에 들어서 그걸 당장 사고 싶을지 몰라요. `may • right away`

2

The joke was so funny that I could not help laughing.
그 농담은 아주 웃겨서 웃지 않을 수 없었어요.

도전 문장 ① 그 농담은 아주 웃겨서 심지어 선생님께서도 크게 웃으셨어요. `loudly`

도전 문장 ② 그 이야기는 아주 흥미진진해서 저는 엿듣는 것을 멈출 수 없었어요. `eavesdropping`

3

He was so busy that he forgot his birthday.
그는 아주 바빠서 자기 생일을 잊어버렸어요.

도전 문장 ① 저는 아주 바빠서 하마터면 그녀의 생일을 잊을 뻔 했어요. `almost`

도전 문장 ② 그는 아주 바빠서 점심 먹는 것을 잊어버렸어요. `to have`

Second Hint

1
right away 당장

2
joke 농담
loudly 크게
eavesdrop 엿듣다

3
birthday 생일
almost 하마터면

writing WORK 02

ADD detail

살 붙여 쓰기

내용상 흐름이 자연스럽게 이어지도록 주어진 문장의 앞과 뒤에 문장을 추가해 짧은 문단을 만들어 보는 순서입니다.
주어진 단어를 순서에 맞게 배열하여 완성 문장을 만들어 보세요.

1

[didn't know] [fun] [I] [it] [so] [was]

I like it so much that I can spend all day doing it.

[you] [away] [can't] [get] [once] [step in] [you]

그게 그렇게 재미있는 줄은 몰랐어요.

저는 그걸 워낙 좋아해서 하루 종일 그걸 하면서 보낼 수 있어요.

일단 한번 발을 들여 놓으면 빠져 나올 수 없다니까요.

2

[friend] [from] [heard] [I] [a joke] [my]

The joke was so funny that I could not help laughing.

[about] [I] [it] [laughed] [thought] [I] [whenever]

저는 제 친구에게서 농담을 들었어요.

그 농담은 워낙 웃겨서 웃지 않을 수 없었어요.

그것을 생각할 때마다 저는 웃음이 나와요.

Second Hint

1
fun 재미있는; 재미
step in 발을 들여놓다

2
funny 재미있는
laugh 웃다
whenever 언제든

245

Training **94** so ~ that 쓰기

ADD detail

3

running | business | he | another | on the side | is

그는 부업으로 다른 사업을 하고 있는 중이에요.

He was so busy that he forgot his birthday.

그는 워낙 바빠서 자기 생일을 잊어버렸어요.

his business | his | cares about | it | he | life | more than | much | personal | seems that

그는 개인적인 삶보다 사업에 훨씬 더 많은 신경을 쓰는 것 같아요.

Second Hint

3
on the side 부업으로
seem ~처럼 보이다
care about ~에 신경 쓰다
personal 개인적인

writing WORK 03

write AGAIN
다시 쓰기
앞서 만든 짧은 문단 전체를 이어서 다시 써 보세요.

1

그게 그렇게 재미있는 줄은 몰랐어요. 저는 그걸 워낙 좋아해서 하루 종일 그걸 하면서 보낼 수 있어요. 일단 한번 발을 들여 놓으면 빠져 나올 수 없다니까요.

2

저는 제 친구에게서 농담을 들었어요. 그 농담은 워낙 웃겨서 웃지 않을 수 없었어요. 그것을 생각할 때마다 저는 웃음이 나와요.

3

그는 부업으로 다른 사업을 하고 있는 중이에요. 그는 워낙 바빠서 자기 생일을 잊어버렸어요. 그는 개인적인 삶보다 사업에 훨씬 더 많은 신경을 쓰는 것 같아요.

여기서 끝이 아니다!
Speed Writing Book에서
빨리 쓰기 훈련을 통해
*완전히 내 것으로 소화시키세요.

writing WORK 04

QUESTIONing
질문 & 답변 문장 만들기

Wh- question 또는 일반의문문의 문장을 만들어 보세요. 그런 다음 그 질문에 답하는 문장을 써 보세요.

1

- A: I like it **so** much **that** I can spend all day doing it.
- B: 무엇이 너로 하여금 그것을 좋아하게 만드니? `makes`

- A: 그것이 나를 진정시키고 편안하게 느끼게 만들어 주거든. `relax • comfortable`

2

- A: The joke was **so** funny **that** I could not help laughing.
- B: 그가 농담을 너무 심하게 한다고 생각지 않니? `carried • far`

- A: 그건 그냥 농담이었는데 뭐. `just`

3

- A: He was **so** busy **that** he forgot his birthday.
- B: 그가 무엇을 하고 있는 중이었는데? `doing`

- A: 그는 출장 중이었어. `on a business`

Second Hint

1
relax 진정하다
comfortable 편안한

2
funny 웃긴
cannot help -ing ~하지 않을 수 없다

3
on business trip 출장 중인

writing WORK

05

PERFECT sentence

완벽한 문장 쓰기

'so ~ that' 구문을 사용하여 문법상 오류가 없는 완벽한 문장을 만들어 보세요.

1 so ~ that

"
                                                                      "

2 so ~ that

"
                                                                      "

3 so ~ that

"
                                                                      "

4 so ~ that

"
                                                                      "

5 so ~ that

"
                                                                      "

249
Training **94** so ~ that 쓰기

관계부사
where, when, why, how

이번 과에서는 관계부사 where, when, why, how를 활용하여 문장을 만드는 훈련을 해 봅니다.

다음 문법 지식을 알아두면
문장을 만들 때 훨씬 쉽게 만들 수 있습니다.

TARGET GRAMMAR

- 관계부사 where가 들어간 문장 쓰기

    Ex. This is **where** I proposed to her. 여기가 제가 그녀에게 청혼한 곳이에요.

- 관계부사 when이 들어간 문장 쓰기

    Ex. I know **when** I have to leave. 저는 제가 **언제** 떠나야 하는지 알아요.

- 관계부사 why가 들어간 문장 쓰기

    Ex. Do you know **why** they are laughing? 그들이 **왜** 웃는지 당신은 알아요?

- 관계부사 how가 들어간 문장 쓰기

    Ex. I teach **how** students should write in English. 저는 학생들이 **어떻게** 영어로 써야 하는지를 가르쳐요.

writing WORK 01

SUBSTITUTION table
바꿔 쓰기

주어진 문장을 참고하여 단어를 바꿔서 새로운 문장을 만들어 보세요.

1

This is the place where I left my card.
이곳이 제가 제 카드를 놓아둔 장소예요.

도전 문장 ❶ 이곳이 제가 휴식을 취하는 방이에요. `take`

도전 문장 ❷ 제 카드를 놓아둔 곳이 여기예요. `where I`

2

I still remember the day when I saw you at the coffee shop.
저는 제가 커피숍에서 당신을 봤던 그 날을 아직 기억하고 있어요.

도전 문장 ❶ 저는 당신이 저를 방문했던 그 날을 아직 기억하고 있어요. `visited`

도전 문장 ❷ 당신은 우리가 버스 안에서 우연히 만난 그 날을 아직 기억하고 있나요? `by chance`

Second Hint

1
take a rest 쉬다

2
by chance 우연히

Training 95 관계부사 where, when, why, how

writing WORK 01 — SUBSTITUTION table

3

Tell me the reason why you disagree.
당신이 왜 동의하지 않는지 그 이유를 저에게 말해 주세요.

도전 문장 ❶ 당신이 왜 그것에 동의하는지 이유 두 가지를 저에게 말해 주세요.

　　　　　　　　　　　　　　　　　　　　　　　　　　　　with it

도전 문장 ❷ 왜 당신이 못마땅하게 생각하는지 그 이유를 저에게 말해 줄 수 있어요?

　　　　　　　　　　　　　　　　　　　　　　　　can you • disapprove

4

He told me how he met her.
그는 그가 어떻게 그녀를 만났는지 저에게 말해 주었어요.

도전 문장 ❶ 그는 그가 어떻게 그녀를 설득했는지 저에게 말해 주지 않았어요.

　　　　　　　　　　　　　　　　　　　　　　　　　　　　persuaded

도전 문장 ❷ 그는 그가 어떻게 그 잠긴 문을 열었는지 저에게 보여 주었어요.

　　　　　　　　　　　　　　　　　　　　　　　　　　　　locked

Second Hint

3
disagree 동의하지 않다
disapprove 안 된다고 하다, 비난하다

4
persuade 설득하다
lock 잠그다

1

[a] [for] [here] [I] [moment] [stopped]   저는 여기에 잠시 멈췄었어요.

This is the place where I left my card.   이곳이 제가 제 카드를 놓아둔 장소예요.

[I] [it] [out of] [pocket] [slipped] [think] [my]   제 생각에 그것이 제 주머니에서 빠져나간 것 같아요.

2

[had been] [looking for] [the one] [were] [you] [I]   당신은 제가 찾고 있던 그 사람이었어요.

I still remember the day when I saw you at the coffee shop.   저는 제가 커피숍에서 당신을 봤던 그 날을 아직 기억하고 있어요.

[conversation] [had] [late] [long] [until] [we] [a]   우리는 늦게까지 긴 대화를 나눴잖아요.

---

writing WORK

ADD detail

살 붙여 쓰기

내용상 흐름이 자연스럽게 이어지도록 주어진 문장의 앞과 뒤에 문장을 추가해 짧은 문단을 만들어 보는 순서입니다.
주어진 단어를 순서에 맞게 배열하여 완성 문장을 만들어 보세요.

Second Hint

1
for a moment 잠시 동안
slip 빠져나가다

2
conversation 대화

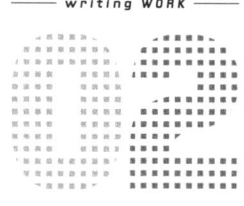

writing WORK 02 — ADD detail

3

[had] [I] [no problem] [with] [this] [thought] [you]

Tell me the reason why you disagree.

[be helpful] [improve] [it] [may] [opinion] [to] [your]

저는 당신이 이것에 대해 아무 문제 없다고 생각했었어요.

당신이 왜 동의하지 않는지 그 이유를 저에게 말해 주세요.

당신의 의견이 그것을 향상시키는 데 도움이 될지도 모르잖아요.

4

[him] [I] [morning] [talked] [this] [with]

He told me how he met her.

[caused] [has] [he] [nothing] [problem] [she] [this] [to do] [with]

저는 오늘 아침에 그와 얘기를 했어요.

그는 그가 어떻게 그녀를 만났는지 제게 말해 주었어요.

그는 그녀가 일으킨 이 문제와 아무 관련이 없어요.

Second Hint

3
improve 향상시키다
opinion 의견

4
cause 야기하다

1

저는 여기에 잠시 멈췄었어요. 이곳이 제가 제 카드를 놓아둔 장소예요. 제 생각에 그것이 제 주머니에서 빠져나간 것 같아요.

write AGAIN

다시 쓰기

앞서 만든 짧은 문단 전체를 이어서 다시 써 보세요.

2

당신은 제가 찾고 있던 그 사람이었어요. 저는 제가 커피숍에서 당신을 봤던 그날을 아직 기억하고 있어요. 우리는 늦게까지 긴 대화를 나눴잖아요.

3

저는 당신이 이것에 대해 아무 문제 없다고 생각했었어요. 당신이 왜 동의하지 않는지 그 이유를 저에게 말해 주세요. 당신의 의견이 그것을 향상시키는 데 도움이 될지도 모르잖아요.

여기서 끝이 아니다!
Speed Writing Book에서
빨리 쓰기 훈련을 통해
★ 완전히 내 것으로 소화시키세요.

writing WORK 03 write AGAIN

4

저는 오늘 아침에 그와 얘기를 했어요. 그는 그가 어떻게 그녀를 만났는지 제게 말해 주었어요. 그는 그녀가 일으킨 이 문제와 아무 관련이 없어요.

writing WORK 04

QUESTIONing

질문 & 답변 문장 만들기

Wh- question 또는 일반의문문의 문장을 만들어 보세요. 그런 다음 그 질문에 답하는 문장을 써 보세요.

1

Q This is the place **where** I left my card.

B 좀 더 구체적으로 말해 줄 수 있겠니? *specific*

A 내가 내 카드를 선반 맨 위에 놔 두었어. *top • shelf*

2

Q I still remember the day **when** I saw you at the coffee shop.

B 그래?

A 너의 첫인상이 매우 인상 깊었어. *impression*

3

Q Tell me the reason **why** you disagree.

B 왜냐하면 스케줄이 너무 빡빡하기 때문이야. *tight*

A 우리에게 선택권이 있니? *choice*

4

Q He told me **how** he met her.

B 정말? 그들이 어떻게 만났대? *how*

A 그녀가 그의 반 친구였대. *said • classmate*

Second Hint

1
specific 구체적인
shelf 선반

2
first impression 첫인상
impressive 인상적인

3
tight 빡빡한
choice 선택권

4
classmate 반 친구

Training 95 관계부사 where, when, why, how

writing WORK 05

PERFECT sentence

완벽한 문장 쓰기

주어진 '관계부사'를 사용하여 문법상 오류가 없는 완벽한 문장을 만들어 보세요.

1 where

2 why

3 how

4 when

5 where

Training 96

복합관계부사, 복합관계대명사, no matter ~

이번 과에서는 복합관계부사, 복합관계대명사를 활용하여 문장을 만드는 훈련을 해 봅니다.

다음 문법 지식을 알아두면
문장을 만들 때 훨씬 쉽게 만들 수 있습니다.

TARGET GRAMMAR

| 복합관계부사의 종류 | wherever, whenever, however |

| 복합관계대명사의 종류 | whoever, whichever, whatever |

| no matter~가 들어간 표현들 | No matter who, No matter which, No matter what, No matter where, No matter when, No matter how |

writing WORK 01

SUBSTITUTION table

바꿔 쓰기

주어진 문장을 참고하여 단어를 바꿔서 새로운 문장을 만들어 보세요.

1

You can come to my house **whenever** you want.
당신은 당신이 원할 때 언제든 저희 집에 와도 좋아요.

도전 문장 ❶ 당신은 당신이 원할 때 언제든 그에게 갈 수 있잖아요. `like`

도전 문장 ❷ 당신은 당신이 내킬 때 언제든 제게 이메일을 보내도 돼요. `email • feel like`

2

I will be with you **wherever** you are.
저는 당신이 어디에 있든지 당신과 함께할 거예요.

도전 문장 ❶ 그 가이드는 당신이 어디를 여행하든 당신과 함께 할 거예요. `travel`

도전 문장 ❷ 그들은 당신이 어디에 머물든 당신 주변에 있을 거예요. `around • stay`

3

However much it costs, I will buy that ring.
그게 얼마가 들든, 저는 그 반지를 살 거예요.

도전 문장 ❶ 그게 아무리 쉽더라도, 당신은 조심해야 돼요. `be careful`

도전 문장 ❷ 상황이 아무리 힘들더라도, 저는 (피하지 않고) 맞서 극복할 거예요. `tough • face • overcome`

Second Hint

1
feel like ~하고 싶다

—

2
travel 여행하다

—

3
tough 힘든, 어려운
face 직면하다
overcome 극복하다

writing WORK

01

SUBSTITUTION table

4

I will not change my mind **no matter what** happens.
저는 무슨 일이 생기더라도 제 마음을 바꾸지 않을 거예요.

도전 문장 ❶ 저는 무슨 일이 생겼어도 제 진로를 바꾸지 않았어요.   `route`

도전 문장 ❷ 저는 제게 무슨 일이 생기더라도 약속을 지킬 거예요.   `promise`

5

No matter how much I sleep, I am tired.
아무리 잠을 많이 자도, 저는 피곤해요.

도전 문장 ❶ 그게 아무리 깊어도, 우리는 감지할 수 있어요.   `detect`

도전 문장 ❷ 그게 아무리 비싸도, 사람들은 그것을 살 거예요.   `expensive`

6

You are welcome here **no matter when** you come.
당신은 언제 오더라도 여기에 (오는 것이) 환영이에요.

도전 문장 ❶ 당신은 언제 시작하더라도 해낼 수 있어요.   `make it`

도전 문장 ❷ 당신이 언제 그들에게 물어보더라도 그들은 그렇다고 말할 거예요.   `say yes`

Second Hint

4
route 진로

—

5
No matter 비록 ~할지라도
tired 피곤한
detect 감지하다

—

6
make it 해내다

261

Training **96** 복합관계부사, 복합관계대명사, no matter ~

writing WORK

ADD detail

살 붙여 쓰기

내용상 흐름이 자연스럽게 이어지도록 주어진 문장의 앞과 뒤에 문장을 추가해 짧은 문단을 만들어 보는 순서입니다.
주어진 단어를 순서에 맞게 배열하여 완성 문장을 만들어 보세요.

1

`at` `house` `I` `my` `today` `will be` 저는 오늘 제 집에 있을 거예요.

You can come to my house whenever you want. 당신은 당신이 원할 때 언제든 저희 집에 와도 좋아요.

`at` `better` `come` `for you` `to` `it` `lunch time` `is` 당신이 점심 때 오면 더 좋고요.

2

`and` `decide` `follow` `I` `just` `will` `you` 당신이 결정하면 저는 그냥 따를게요.

I will be with you wherever you are. 저는 당신이 어디에 있든 당신과 함께 할 거예요.

`choose` `with me` `it` `all right` `you` `wherever` `will be` 당신이 어디를 정하든 저는 좋아요.

Second Hint

1
lunch time 점심 시간

2
choose 선택하다

writing WORK 02
ADD detail

3

[attention] [caught] [ring] [my] [the]

그 반지가 제 관심을 끌었어요.

However much it costs, I will buy that ring.

그게 얼마가 들든, 저는 그 반지를 살 거예요.

[is] [a matter] [it] [of time] [just]

그건 시간 문제일 뿐이에요.

4

[already] [doing] [have] [I] [it] [started]

저는 벌써 그것을 하기 시작했는 걸요.

I will not change my mind no matter what happens.

저는 무슨 일이 생기더라도 제 마음을 바꾸지 않을 거예요.

[doing] [I] [it is] [think] [worth]

저는 그건 할 가치가 있다고 생각해요.

Second Hint

3
attention 관심
cost 비용이 들다

4
worth -ing ~할 가치가 있다

writing WORK 02
ADD detail

5

don't | I | is | with me | what | wrong | know

저한테 무엇이 잘못 되었는지 모르겠어요.

No matter how much I sleep, I am tired.

저는 아무리 잠을 많이 자도 피곤해요.

a way | comfortably | find | I | more | should | to sleep

저는 좀 더 편안하게 자는 방법을 찾아야겠어요.

6

a | are | to us | customer | you | valued

당신은 저희에게 소중한 고객입니다.

You are welcome here no matter when you come.

당신은 언제든 여기 오시는 것이 환영입니다.

our | are | full service | ready | to give | we | you

저희는 완전한 서비스를 제공할 준비가 되어 있습니다.

Second Hint

5
wrong 틀린, 잘못된
comfortably 편안하게

6
valued 소중한
customer 고객
service 서비스

writing WORK

write AGAIN

다시 쓰기

앞서 만든 짧은 문단 전체를 이어서 다시 써 보세요.

1

저는 오늘 제 집에 있을 거예요. 당신은 당신이 원할 때 언제든 저희 집에 와도 좋아요. 점심 때 오면 더 좋고요.

2

당신이 결정하면 저는 그냥 따를게요. 저는 당신이 어디에 있든 당신과 함께할 거예요. 당신이 어디를 정하든 저는 좋아요.

3

그 반지가 제 관심을 끌었어요. 그게 얼마가 들든, 저는 그 반지를 살 거예요. 그건 시간 문제일 뿐이에요.

4

저는 벌써 그것을 하기 시작했는 걸요. 저는 무슨 일이 생기더라도 제 마음을 바꾸지 않을 거예요. 저는 그건 할 가치가 있다고 생각해요.

5

저한테 무엇이 잘못 되었는지 모르겠어요. 저는 아무리 잠을 많이 자도 피곤해요. 저는 좀 더 편안하게 자는 방법을 찾아야겠어요.

6

당신은 저희에게 소중한 고객입니다. 당신은 언제든 여기 오시는 것이 환영입니다. 저희는 완전한 서비스를 제공할 준비가 되어 있습니다.

writing WORK 04

QUESTIONing

질문 & 답변 문장 만들기

Wh- question 또는 일반의문문의 문장을 만들어 보세요. 그런 다음 그 질문에 답하는 문장을 써 보세요.

1

- **A** You can come to my house **whenever** you want.
- **B** 내가 가기 전에 너에게 알려줄게. 〔let • before〕

- **A** 그게 언제쯤 되겠니? 〔would〕

2

- **A** I will be with you **wherever** you are.
- **B** 너 지난번에도 그렇게 말하지 않았었니? 〔didn't • last time〕

- **A** 이번에는 진짜야. 〔mean〕

3

- **A** **However much** it costs, I will buy that ring.
- **B** 그게 너에게 정말로 중요한 거니? 〔really〕

- **A** 의문의 여지가 없어. 〔no questions〕

Second Hint

2
last time 지난 번
mean 진심으로 의미하다

3
question 의문

267

Training **96** 복합관계부사, 복합관계대명사, no matter ~

writing WORK 04 QUESTIONing

4

A I will not change my mind **no matter what** happens.
B 결정하기 전에 다시 생각하는 게 좋을 거야. `think twice`

A 조언 좀 해줄래? `would • advice`

5

A **No matter how much** I sleep, I am tired.
B 무엇이 너를 괴롭히는데? `troubles`

A 나 요즘 스트레스를 많이 받고 있어. `under stress`

6

A You are welcome here **no matter when** you come.
B 고마워요. 다시 방문할게요. `visit`

A 대로로 가는 길은 아시나요? `the way to`

Second Hint
5
tired 피곤한
trouble 괴롭히다
under stress 스트레스를 받는
—
6
main road 대로

writing WORK 05

PERFECT sentence

완 벽 한
문장 쓰기

'복합관계대명사'를 사용하여 문법상 오류가 없는 완벽한 문장을 만들어 보세요.

1 whenever

2 no matter where

3 However

4 no matter what

5 Whoever

Training 97

review 앞서 써 본 문장들을 확실히 기억하고 있는지 빈칸을 채워 문장을 완성해 보세요.

1 그것은 아주 멋진 장소여서 우리는 하루 종일 머물면서 즐겁게 보낼 수 있었어요.
It   .

2 이것은 아주 대단한 책이어서 저는 처음부터 다시 읽고 싶어요.
This   .

3 이것은 아주 대단한 경기여서 모두가 (경기)하고 싶어 해요.
This   .

4 저는 아주 즐거운 시간을 가져서 결코 잊지 못할 거예요.
I   .

5 저는 그녀를 아주 좋아해서 그녀와 늦게까지 얘기했어요.
I   .

6 당신은 그것이 아주 마음에 들어서 그걸 당장 사고 싶을지 몰라요.
You   .

7 그 농담은 아주 웃겨서 심지어 선생님께서도 크게 웃으셨어요.
The joke   .

8 그는 아주 바빠서 점심 먹는 것을 잊어버렸어요.
He   .

9 이곳이 제가 휴식을 취하는 방이에요.
This   .

review & practice

10 제 카드를 놓아둔 곳이 여기예요.

Where   .

11 저는 당신이 저를 방문했던 그 날을 아직 기억하고 있어요.

I   .

12 당신이 왜 그것에 동의하는지 이유 두 가지를 저에게 말해주세요.

Tell   .

13 그는 그가 어떻게 그녀를 설득했는지 저에게 말해주지 않았어요.

He   .

14 당신은 당신이 원할 때 언제든 그에게 갈 수 있잖아요.

You   .

15 그 가이드는 당신이 어디를 여행하든 당신과 함께 할 거예요.

The guide   .

16 저는 무슨 일이 생겼어도 제 진로를 바꾸지 않았어요.

I   .

17 그게 아무리 비싸도, 사람들은 그것을 살 거예요.

No matter how   .

18 당신은 언제 시작하더라도 해낼 수 있어요.

You   .

Training 97

Practice — 앞에서 배운 문장 구조를 토대로 주어진 서술형 과제를 완성해 보세요.

서술하기 Description & Narration

다음 이야기를 읽고 오토바이를 몰던 사람과 경찰의 입장에서 자신의 입장을 대변하는 글을 써 보세요.

A police officer in a small town stopped a motorist who was speeding down a street.
"But officer," the man began, "I can explain."
"Just be quiet," snapped the officer.
"I'm going to let you cool your heels in jail until the chief gets back."
"But, officer, I just wanted to say..."
"And I said to keep quiet! You're going to jail!"
A few hours later the officer looked in on his prisoner and said, "Lucky for you that the chief is at his daughter's wedding. He'll be in a good mood when he gets back."
"Don't count on it," answered the fellow in the cell. "I'm the groom."

A motorist:

_____

_____

_____

_____

A police officer:

_____

_____

_____

_____

1. was such a nice place that we could stay all day and have fun
2. is such a great book that I want to read all over again
3. is such a great game that everybody wants to play
4. had such a good time that I will never forget
5. liked her so much that I talked with her until late
6. will like it so much that you may want to buy it right away
7. was so funny that even the teacher laughed loudly
8. was so busy that he forgot to have lunch
9. is the room where I take a rest.
10. I left my card is here
11. still remember the day when you visited me
12. me two reasons why you agree with it
13. didn't tell me how he persuaded her
14. can go to him whenever you like
15. will be with you wherever you travel
16. didn't change my route no matter what happened
17. expensive it is, people will buy it
18. You can make it no matter when you start

Sample Writing:

A motorist:

I was trying to get to my wedding quickly because I was late. I was speeding, and I got caught by a police officer. However, when I tried to explain my situation to the police officer, he wouldn't listen. He arrested me and kept me in jail for hours! So I couldn't go to my wedding. The officer didn't listen to me so he didn't know I was supposed to marry the police chief's daughter!

A police officer:

I caught a young man speeding through town. He tried to make excuses. But I didn't listen to him because people always make poor excuses. I arrested the young man and kept him in jail until the chief got back. Alas, how could I know the chief was waiting for that young man to marry his daughter?

동사구 1

이번 과에서는 '동사+전치사'의 동사구 표현을 활용하여 문장을 만드는 훈련을 해 봅니다.

다음 문법 지식을 알아두면
문장을 만들 때 훨씬 쉽게 만들 수 있습니다.

TARGET GRAMMAR

- **동사구**: 특정 동사가 특정 전치사와 함께 쓰인 것

    Ex. I tried it on. 저는 그것을 입어보았어요.

- **동사구 사이에 대명사 쓰기**

    Ex. I pay him back 그에게 갚다
    　　　let him in 그를 들어오게 하다
    　　　leave it out 그것을 빼놓다
    　　　take them out 그것들을 밖으로 가지고 나가다

writing WORK 01

SUBSTITUTION table

바꿔 쓰기

주어진 문장을 참고하여 단어를 바꿔서 새로운 문장을 만들어 보세요.

1

Why don't you **leave** them **out**?
그것들을 빼는 게 어때요?

도전 문장 ❶ 그것들을 버리는 게 어때요?   `throw away`

도전 문장 ❷ 그것을 꼭 잡고 있는 게 어때요?   `hold on`

2

They must want to **sell them out** as soon as possible. 그들은 그것들을 가능한 한 빨리 팔고 싶어 하는 게 틀림없어요.

도전 문장 ❶ 그들이 그것들을 계속 지니고 있고 싶어 하는 게 틀림없어요.   `carry ~ on`

도전 문장 ❷ 그들이 이번에는 그것을 끝내버리고 싶어 하는 게 틀림없어요.   `get ~ over with`

3

I would like to **try it on** if it is okay.
만일 괜찮다면 제가 그것을 입어 봐도 될까요?

도전 문장 ❶ 만일 괜찮다면 제가 그것을 적어도 될까요?   `put ~ down`

도전 문장 ❷ 만일 제가 시간이 있다면 저는 그것을 (모두) 작성하고 싶어요.   `fill ~ out`

Second Hint

1
throw away 버리다
hold on 잡고 있다
strap 끈
—
2
as soon as possible 가능한 한 빨리
carry on 계속해 나가다
get over 끝내버리다
—
3
put down 적다
fill out 작성하다

4

I accidentally let him in.
제가 실수로 그를 들어오게 했어요.

도전 문장 ❶   제가 실수로 그걸 잘라버렸어요.　　　　　　　　　　cut ~ off

도전 문장 ❷   제가 실수로 그것들을 섞어버렸어요.　　　　　　　mixed ~ up

5

They said that they were going to put it aside for a while.
그들은 그것을 당분간 접어둘 거라고 말했어요.

도전 문장 ❶   그들은 그것을 당분간 계속할 거라고 말했어요.　　keep ~ up

도전 문장 ❷   당신은 그녀와 그것을 얘기해볼 거라고 말했었잖아요.　talk ~ over

Second Hint

4
accidentally 실수로
cut off 잘라버리다
mix up 섞다

5
put it aside 옆에 접어 두다
keep up 무언가를 계속해 나가다
talk over ~에 대해 얘기하다

writing WORK 02

ADD detail

살 붙여 쓰기

내용상 흐름이 자연스럽게 이어지도록 주어진 문장의 앞과 뒤에 문장을 추가해 짧은 문단을 만들어 보는 순서입니다.
주어진 단어를 순서에 맞게 배열하여 완성 문장을 만들어 보세요.

1

`are` `time` `much` `them` `on` `spending` `too` `you`

당신은 그것들에 너무 많은 시간을 보내고 있어요.

Why don't you leave them out?

그것들을 빼는 게 어때요?

`and` `finish` `early` `save` `that way` `time` `you` `your` `them`

그렇게 하면 당신의 시간도 아끼고 그것들을 일찍 끝낼 수도 있잖아요.

2

`all` `are` `a big sale` `having` `long` `they` `week`

그들은 일주일 내내 대대적인 행사를 벌이고 있어요.

They must want to sell them out as soon as possible.

그들은 그것들을 가능한 한 빨리 팔고 싶어 하는 게 틀림없어요.

`a chance` `buy` `for me` `have` `I` `is` `it` `the one` `to` `wanted`

제가 원하던 것을 살 수 있는 기회예요.

Second Hint

1
leave out 빼다

—

2
all week long 일주일 내내
chance 기회

writing WORK 02 — ADD detail

3

[fine] [for me] [I] [looks] [think] [this]   이게 저한테 잘 어울리는 것 같은데요.

I would like to try it on if it is okay.   만일 괜찮다면 제가 그것을 입어 봐도 될까요?

[fits] [I] [if] [it] [it] [take] [will]   그게 맞으면 살게요.

4

[didn't] [him] [I] [it] [know] [was]   저는 그게 그인 줄 몰랐어요.

I accidentally let him in.   제가 실수로 그를 들어오게 했어요.

[different] [he] [sounded]   그가 말하는 투가 달랐거든요.

Second Hint

3
fine 좋은
try on 입어 보다
—
4
sound 들리다
different 다른

5

[running over] [they] [budget] [were]

They said that they were going to put it aside for a while.

[a temporary] [and] [be long] [condition] [is] [it] [not] [said] [they also] [will]

그들은 예산을 초과하고 있었거든요.

그들은 그것을 당분간 접어둘 거라고 말했어요.

그들은 또한 그것이 일시적인 상황이며 오래 가진 않을 거라고 말했어요.

writing WORK 02
ADD detail

Second Hint

5
run over budget 예산을 초과하다
for a while 당분간
temporary 일시적인

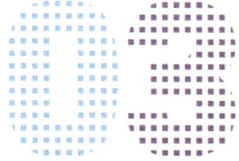

다시 쓰기

write AGAIN

앞서 만든 짧은 문단 전체를 이어서 다시 써 보세요.

1

당신은 그것들에 너무 많은 시간을 보내고 있어요. 그것들을 빼는 것이 어때요? 그렇게 하면 당신의 시간도 아끼고 그것들을 일찍 끝낼 수도 있잖아요.

2

그들은 일주일 내내 대대적인 할인 행사를 벌이고 있어요. 그들은 그것들을 가능한 한 빨리 팔고 싶어 하는 게 틀림없어요. 제가 원하던 것을 살 수 있는 기회예요.

3

이게 저한테 잘 어울리는 것 같은데요. 만일 괜찮다면 제가 그것을 입어 봐도 될까요? 그게 맞으면 살게요.

여기서 끝이 아니다!
Speed Writing Book에서
빨리 쓰기 훈련을 통해
*완전히 내 것으로 소화시키세요.

writing WORK 03

write AGAIN

4

저는 그게 그인 줄 몰랐어요. 제가 실수로 그를 들어오게 했어요. 그가 말하는 투가 달랐거든요.

5

그들은 예산을 초과하고 있었거든요. 그들은 그것을 당분간 접어둘 거라고 말했어요. 그들은 또한 그것이 일시적인 상황이며 오래 가진 않을 거라고 말했어요.

writing WORK

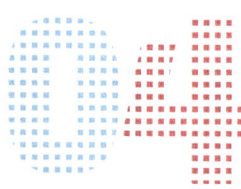

질문 & 답변 문장 만들기

Wh- question 또는 일반의문문의 문장을 만들어 보세요. 그런 다음 그 질문에 답하는 문장을 써 보세요.

1

Q Why don't you **leave them out**?

B 난 무엇이 중요하고 무엇이 중요하지 않은지 알아낼 수가 없어. 내게는 모두 다 중요해 보여. `figure out • what • seems to`

A 내가 도와줄까? `can`

2

Q They must want to **sell them out** as soon as possible.

B 그게 그들이 이렇게 대폭적인 할인을 해준 이유야. `that is why • huge`

Q 너 가서 그것을 살펴보고 싶니? `would you like`

3

A I would like to **try it on** if it is okay.

B 그러세요. 마음껏 입어보세요. `feel free to`

Q 옷 입어보는 방이 어디죠? `the fitting room`

Second Hint

1
figure out 알아내다

2
huge 거대한, 큰
discount 할인

3
feel free to 편하게 ~하다
fitting room 옷 입어보는 방, 피팅룸

4

- **A** I accidentally **let him in**.
- **B** '실수로'라니 무슨 뜻이야? `mean`

- **A** 나는 그가 다른 사람인 줄 알았어. `someone else`

5

- **A** They said that they were going to **put it aside** for a while.
- **B** 얼마 동안이나? `for`

- **A** 그들이 충분한 예산을 가질 때까지. `budget`

Second Hint

4
mean 의미하다
someone else 다른 사람

5
budget 예산

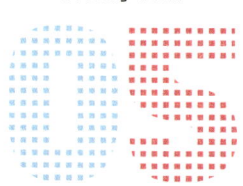

writing WORK

PERFECT sentence

완벽한 문장 쓰기

주어진 동사구를 사용하여 문법상 오류가 없는 완벽한 문장을 만들어 보세요.

1 hold ~ up

2 sell ~ off

3 hand ~ over

4 send ~ in

5 pick ~ out

동사구 2

이번 과에서는 동사구 표현 중 목적어가 대명사일 때 대명사를 동사구 사이에 끼워 넣을 수 없는 표현을 중심으로 문장을 만드는 훈련을 해 봅니다.

다음 문법 지식을 알아두면
문장을 만들 때 훨씬 쉽게 만들 수 있습니다.

TARGET GRAMMAR

- **동사구**: 특정 동사가 특정 전치사와 함께 쓰인 것

  Ex. He **looks after** me. 그가 저를 돌봐줘요.

- 동사구 사이에 대명사를 쓸 수 없는 것 알아두기

  Ex. **stay with** you 너와 함께 머물다
  live on him 그에게 의지해서 살다
  stand by her 그녀의 옆에 서다

writing WORK

01
SUBSTITUTION table

바꿔 쓰기

주어진 문장을 참고하여 단어를 바꿔서 새로운 문장을 만들어 보세요.

Second Hint

1
memory 기억, 추억
achievement 업적
look up to 존경하다

—

2
natural 자연스러운
break up with ~와 헤어지다
at some point 어느 시점에서
rate 속도

1

This picture made me go back in my memory to 15 years ago. 그 사진은 제 기억을 15년 전으로 돌아가게 만들었어요.

도전 문장 ❶ 이 상황이 제가 그 사람과 어울리게 만들어요.　　`hang around`

도전 문장 ❷ 그의 업적이 제가 그를 존경하게 만들었어요.　　`achievement • look up to`

2

It is natural to break up with someone at some point in our life.
우리 인생의 어느 시점에 누군가와 헤어지는 것은 자연스러운 거예요.

도전 문장 ❶ 우리 인생의 어떤 시점에서 다른 누군가에게 의지해 사는 것은 자연스러운 거예요.　　`live on • someone else`

도전 문장 ❷ 다른 속도로 성장하는 것은 자연스러운 거예요.　　`grow up • rates`

3

I came across my old friend in the subway.
저는 지하철 안에서 우연히 제 옛 친구를 만났어요.

도전 문장 ❶ 저는 가까운 장래에 제 옛 친구를 만날 것을 학수고대하고 있어요. `look forward to`

도전 문장 ❷ 저는 그 장소에 제 옛 친구와 함께 갔어요. `came along with`

4

The color is slowly fading away as time passes.
시간이 지남에 따라 색깔이 서서히 바래고 있는 중이에요.

도전 문장 ❶ 시간이 지남에 따라 색깔이 서서히 두드러지게 돼요. `stands out`

도전 문장 ❷ 시간이 지남에 따라 그 소음이 서서히 사그라졌어요. `died away`

5

I was lucky to get away without hurting myself.
저는 다치지 않고 빠져나올 수 있어서 다행이었어요.

도전 문장 ❶ 저는 거의 정시에 그에게로 돌아올 수 있어서 다행이었어요. `get back`

도전 문장 ❷ 저는 이 대답을 내놓을 수 있어서 기뻐요. `come up with`

---

writing WORK

01

SUBSTITUTION table

Second Hint

3
come across 우연히 마주치다
subway 지하철
come along with ~와 함께 가다

4
fade away 서서히 사라지다
stand out 두드러지다, 눈에 띄다
die away 사라지다

5
lucky 운이 좋은
get back 돌아오다
come up with (아이디어 등을) 내놓다

ADD.detail
살 붙여 쓰기

내용상 흐름이 자연스럽게 이어지도록 주어진 문장의 앞과 뒤에 문장을 추가해 짧은 문단을 만들어 보는 순서입니다.
주어진 단어를 순서에 맞게 배열하여 완성 문장을 만들어 보세요.

1

[bookcase] [found] [my] [have] [I]
[old picture] [my] [in the corner of]

저는 제 책장 구석에서 제 옛날 사진을 발견했어요.

This picture made me go back in my memory to 15 years ago.

그 사진은 제 기억을 15년 전으로 돌아가게 만들었어요.

[I] [back] [could] [go] [I] [to that time]
[wish]

제가 그 시절로 돌아갈 수만 있다면 좋으련만.

2

[a relationship] [and] [build] [meet]
[someone] [start] [to] [we all]

우리 모두는 누군가를 만나서 관계를 쌓기 시작하는데요.

It is natural to break up with someone at some point in our life.

우리 인생의 어느 시점에 누군가와 헤어지는 것은 자연스러운 거예요.

[from] [is] [it] [learn] [the point]
[we] [what]

요는 그것으로부터 우리가 무엇을 배우는가 하는 거죠.

Second Hint

1
picture 사진
bookcase 책장
—
2
build a relationship 관계를 쌓다

writing WORK

ADD detail

3

[by] [going to] [I] [school] [subway] [was]

저는 지하철을 타고 학교로 가는 길이었어요.

I came across my old friend in the subway.

저는 지하철 안에서 우연히 제 옛 친구를 만났어요.

[a bit] [changed] [hasn't] [he]

그는 하나도 변하지 않았더라고요.

4

[and] [bought] [have] [I] [last year] [not] [once] [this] [worn] [it]

저는 이것을 작년에 사서 아직 한 번도 안 입어 봤어요.

The color is slowly fading away as time passes.

시간이 지남에 따라 색깔이 서서히 바래고 있는 중이에요.

[and] [it] [looks] [old] [used]

그것이 이제는 오래된 중고 같아 보여요.

Second Hint

3
a bit 조금

—

4
once 한 번
slowly 서서히
pass 지나가다
used 중고의

writing WORK

ADD detail

5

(for) (forgot) (homework) (I) (math class) (my) (to do)

저는 수학 수업 숙제를 하는 것을 깜빡했거든요.

I was lucky to get away with only a warning.

저는 경고만 듣고 빠져나올 수 있어서 다행이었어요.

(because) (gives) (he) (I) (like) (math teacher) (our) (a second chance) (us) (always)

저는 수학 선생님이 좋은데 왜냐하면 그는 항상 우리에게 또 다른 기회를 주거든요.

Second Hint

5
homework 숙제
warning 경고
second chance 두 번째 기회

writing WORK 03

write AGAIN
다시 쓰기

앞서 만든 짧은 문단 전체를 이어서 다시 써 보세요.

1

저는 제 책장 구석에서 제 옛날 사진을 발견했어요. 그 사진은 제 기억을 15년 전으로 돌아가게 만들었어요. 제가 그 시절로 돌아갈 수만 있다면 좋으련만.

2

우리 모두는 누군가를 만나서 관계를 쌓기 시작하는데요. 우리 인생의 어느 시점에서 누군가와 헤어지는 것은 자연스러운 거예요. 요는 그것으로부터 우리가 무엇을 배우는가 하는 거죠.

3

저는 지하철을 타고 학교로 가는 길이었어요. 저는 지하철 안에서 우연히 제 옛 친구를 만났어요. 그는 하나도 변하지 않았더라고요.

여기서 끝이 아니다!
Speed Writing Book에서
빨리 쓰기 훈련을 통해
*완전히 내 것으로 소화시키세요.

4

저는 이것을 작년에 사서 아직 한 번도 안 입어 봤어요. 시간이 지남에 따라 색깔이 서서히 바래고 있는 중이에요. 그것이 이제는 오래된 중고 같아 보여요.

5

저는 수학 수업 숙제를 하는 것을 깜빡했거든요. 저는 경고만 듣고 빠져나올 수 있어서 다행이었어요. 저는 수학 선생님이 좋은데 왜냐하면 그는 항상 우리에게 또 다른 기회를 주거든요.

writing WORK 04

QUESTIONing
질문 & 답변 문장 만들기

Wh- question 또는 일반의문문의 문장을 만들어 보세요. 그런 다음 그 질문에 답하는 문장을 써 보세요.

1

Q This picture made me **go back** in my memory to 15 years ago.

B 그게 무슨 기억인데? `what`

Q 나의 티베트 여행에 관한 기억. `the memory of`

2

Q It is natural to **break up** with someone at some point in our life.

B 그게 삶이지. `that's`

Q 넌 누구와 헤어져 본 적 있니? `ever`

3

Q I **came across** my old friend in the subway.

B 그랬니? 그게 누구였는데? `did`

Q 그는 내 제일 친한 친구들 중 하나였어. `one of`

QUESTIONing

4

- A The color is slowly **fading away** as time passes.
- B 햇빛을 받지 않게 하지 그러니? `keep out of`

- A 그게 도움이 될까? `does`

5

- A I was lucky to **get away** without hurting myself.
- B 어떻게 했는데? `how`

- A 나는 뒤도 돌아보지 않고 할 수 있는 한 빨리 달렸어. `as fast as • looking back`

Second Hint

4
keep out of ~에서 떨어지게 하다

6
as fast as ~만큼 빨리

writing WORK 05

PERFECT sentence

완 벽 한 문장 쓰기

주어진 동사구를 사용하여 문법상 오류가 없는 완벽한 문장을 만들어 보세요.

1 get back

2 run away from

3 come up with

4 grow out of

5 come along with

Training 100

review 앞서 써 본 문장들을 확실히 기억하고 있는지 빈칸을 채워 문장을 완성해 보세요.

1 먼저 그 쓰레기들을 버리는 게 어때요?
Why   ?

2 그 손잡이 끈을 꼭 잡고 있는 게 어때요?
Why   ?

3 그들이 그것들을 계속 지니고 있고 싶어 하는 게 틀림없어요.
They   .

4 만일 괜찮다면 제가 그것을 적고 싶어요.
I   .

5 제가 실수로 그걸 잘라버렸어요.
I   .

6 그들은 그것을 당분간 계속할 거라고 말했어요.
They   .

7 당신은 그녀와 그것을 얘기해볼 거라고 말했었잖아요.
You   .

8 이 상황이 제가 그 사람과 어울리게 만들어요.
This situation   .

review & practice

review

9 그의 업적이 제가 그를 존경하게 만들었어요.
His achievement   .

10 다른 속도로 성장하는 것은 자연스러운 거예요.
It is   .

11 저는 그 장소에 제 옛 친구와 함께 갔어요.
I   .

12 시간이 지남에 따라 이 색깔이 서서히 두드러지게 돼요.
The color   .

13 시간이 지남에 따라 그 소음이 서서히 사그라졌어요.
The noise   .

14 저는 거의 정시에 그에게로 돌아올 수 있어서 다행이었어요.
I was   .

15 저는 이 대답을 내놓을 수 있어서 기뻐요.
I am   .

Practice 앞에서 배운 문장 구조를 토대로 주어진 서술형 과제를 완성해 보세요.

서 술 하 기 Description & Narration

'지구 온난화'를 주제로 한 에세이를 서론-본론-결론에 맞게 완성해 보세요.

Introduction

Global warming can cause natural disasters in countries near coastal areas. Scientists are warning that we should reduce the use of fossil fuels.

Body

Scientists recommend that we use solar energy and develop methods to use wind energy because this energy doesn't produce industrial waste.

Conclusion

Preventing polar ice from melting is one of the most important things we can do.

1 don't you throw away the trash first
2 don't you hold on to the strap
3 must want to carry them on continuously
4 would like to put it down if it is okay
5 accidentally cut it off
6 said that they were going to keep it up for a while
7 said that you were going to talk it over with her
8 makes me hang around with him
9 made me look up to him
10 natural to grow up at different rates
11 came along with my old friend to the place
12 slowly stands out as time passes
13 slowly died away as time passed
14 lucky to get back to him almost on time
15 glad to come up with this answer

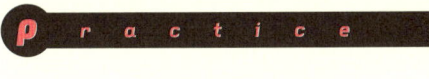

Sample Writing:

Introduction
Using solar and wind energy will help us reduce industrial waste and avoid rising global temperatures.

Body
Industrial waste, especially air pollution, contributes to warming temperatures. As the planet gets warmer, more ice at the north and south poles melts. This causes rising sea levels. As a result, coastal areas experience more flooding.

Conclusion
Only by using alternate means of energy, like solar and wind power, can we reduce the amount of air pollution. By reducing air pollution, we can prevent global warming and rising sea levels.

ANSWERS
FOR *Training 61-100*

Training 61

강조, 의문, 부정을 만드는 do

writing WORK 1

1. I did love her.
   She does know it.
2. Did you eat so much?
   Did he learn so much?
3. Of course, it doesn't shrink.
   Of course, he doesn't do anything wrong.

writing WORK 2

1. I realized how I feel about him.
   I do love him.
   I can't stop thinking about him.
2. Why do you think she liked him?
   Did she care for him so much?
   What happened to them?
3. I want him to come to work on Sunday.
   Of course, he doesn't want to work on Sunday.
   I think I need to offer him something he can't refuse.

writing WORK 3

1. I realized how I feel about him. I do love him. I can't stop thinking about him.
2. Why do you think she liked him? Did she care for him so much? What happened to them?
3. I want him to come to work on Sunday. Of course, he doesn't want to work on Sunday. I think I need to offer him something he can't refuse.

writing WORK 4

1. B: Does he know that, too?
   A: No, he has no idea.
2. B: Yes, she cared for him so much.
   A: Why did she care for him?
3. B: Who wants to work on Sunday?
   A: I think some people do.

writing WORK 5
SAMPLE Perfect Sentences

1. **I do** respect you.
   I do know him well.
2. **I did** lock the door.
   I finally **did** confess it.
3. He **did** sing in front of the people.
   He **did** mention it twice.
4. **Did you** see me?
   Did you have breakfast?
5. **She didn't** call me.
   She didn't see the man waving his hand.

Training 62 — 의문사를 사용한 의문문

writing WORK 1

1. Where did you see him?
   Where do you like to go?
2. Who do you think scores first this time?
   Who do you think used it?
3. How does he do it?
   How does she learn it?
4. Why do you say that all of a sudden?
   Why did they gather around the table?

writing WORK 2

1. Let's watch a movie on TV.
   Where did you put the remote control?
   It was here last time I saw it.
2. They have been working together since then.
   Who do you think has an advantage?
   Don't you think they should be treated equally?
3. I saw you working with him closely.
   How does it work?
   People say that he is supportive.
4. I want to stay out of this.
   Why do you bring up the past?
   It has nothing to do with me.

writing WORK 3

1. Let's watch a movie on TV. Where did you put the remote control? It was here last time I saw it.
2. They have been working together since then. Who do you think has an advantage? Don't you think they should be treated equally?
3. I saw you working with him closely. How does it work? People say that he is supportive.
4. I want to stay out of this. Why do you bring up the past? It has nothing to do with me.

writing WORK 4

1. B: I put it on the table.
   A: Can you come over and look for it?
2. B: Anyone who comes early.
   A: What time is early?
3. B: It didn't work all right.
   A: What? What went wrong?
4. B: You brought it up first.
   A: How come you are always blaming me for something I didn't do?

writing WORK 5

SAMPLE Perfect Sentences

1. **Where** are you going?
   Where is the party?
2. **Why** are you wearing a suit?
   Why is everyone running?
3. **Who** do you know in the classroom?
   Who is making all that noise?
4. **When** should we meet?
   When does the meeting start?
5. **How** are you getting home?
   How can I make double-sided copies?

Training 63 — 12시제 정리 1

writing WORK

1. The kids keep talking.
   You keep walking.
2. The man I met in the elevator is living on the second floor.
   The bus I take in the morning is leaving.
3. I will be in Jack's house from one to three after school.
   I will be in the library with him from ten to twelve.

writing WORK

1. There is nothing unchangeable.
   The world keeps changing.
   I wonder how it will end up.
2. You will see the man often.
   The man you met on the stairs is living on the sixth floor.
   He is fun to be with.
3. You can start without me.
   I will be in church from two to four with my family on Sunday.
   I will catch up with you after church.

writing WORK

1. There is nothing unchangeable. The world keeps changing. I wonder how it will end up.
2. You will see the man often. The man you met on the stairs is living on the sixth floor. He is fun to be with.
3. You can start without me. I will be in church from two to four with my family on Sunday. I will catch up with you after church.

writing WORK

1. B: Everything changes.
   A: What is the one thing that doesn't change?
2. B: You mean Bill?
   A: How do you know his name?
3. B: What are you going to do after church?
   A: I don't know for sure.

writing WORK
SAMPLE Perfect Sentences

1. He **keeps** asking various questions.
   She **keeps** looking at her phone.
2. He **is assessing** his options.
   The lawyer **is assessing** the situation.
3. The technicians **are manipulating** the equipment.
   Jacky and Molly **are manipulating** their friends.
4. There **will be** another chance.
   I **will be** in trouble if I do that.
5. They **will implement** the new policy.
   I **will implement** the agreement between you and me.

Training 64

12시제 정리 2

writing WORK 1

1. Who will be cooking for us?
   Who will be seeing us off?

2. I was reading the message from you then.
   I was replying to your email then.

3. He has been doing the same thing repeatedly.
   He has been examining different things over and over again.

writing WORK 2

1. How many people are coming?
   Who will be joining us?
   I need to know the exact number so I can prepare well.

2. There was an email you should read.
   I was forwarding the email to you then.
   Let me know what you think.

3. He likes to repeat things when he teaches.
   He has been saying the same thing over and over again.
   That is his strategy to make students memorize.

writing WORK 3

1. How many people are coming? Who will be joining us? I need to know the exact number so I can prepare well.

2. There was an email you should read. I was forwarding the email to you then. Let me know what you think.

3. He likes to repeat things when he teaches. He has been saying the same thing over and over again. That is his strategy to make students memorize.

writing WORK 4

1. B: Jason and Gerry.
   A: How did they know about it?

2. B: What was the email about?
   A: It was about our next meeting.

3. B: It must be important.
   A: Do you think it is important to us?

writing WORK 5

SAMPLE Perfect Sentences

1. Who **will be** rid**ing** with us?
   Who **will be** present**ing** at the meeting?

2. He **was answering** incorrectly.
   She **was answering** as she had prepared.

3. She **is playing** the flute in the music room.
   He **is playing** a lot for this game.

4. The company **has been promoting** the new model since January.
   He **has been promoting** himself to many companies.

5. He **has been accumulating** his money in a bank account.
   She **has been accumulating** her teaching experience in this school.

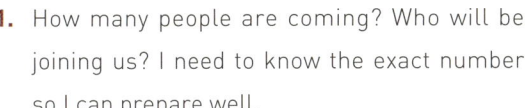

Training 66

양 나타내기

writing WORK

1. Believe it or not, a great number of people still think it exists.
   Believe it or not, the local people insist the stone has a special power.
2. I was expecting much food in this party.
   We are anticipating much snow tonight.
3. Almost all the parts were repaired.
   Almost all the lines are busy.

writing WORK 2

1. There are no elves in the world.
   Believe it or not, a significant number of people still believe in its existence.
   I have not seen one in my entire life.
2. We had better stay inside.
   We are expecting much rain this afternoon.
   I think the rainy season is coming.
3. I am trying to make a reservation on the reservation site.
   Almost all the seats were reserved.
   A few seats in the front and one seat in the back are left.

writing WORK

1. There are no elves in the world. Believe it or not, a significant number of people still believe in its existence. I have not seen one in my entire life.
2. We had better stay inside. We are expecting much rain this afternoon. I think the rainy season is coming.
3. I am trying to make a reservation on the reservation site. Almost all the seats were reserved. A few seats in the front and one seat in the back are left.

writing WORK

1. B: I believe.
   A: What? Do you really believe that?
2. B: It doesn't look like it will rain.
   A: Do you have an umbrella or a raincoat?
3. B: Then, what are we going to do?
   A: Let's wait for the next one.

writing WORK
SAMPLE Perfect Sentences

1. Give me **a couple of** minutes.
   A couple of hikers got lost in the mountains.
2. There was **plenty of** snow at the ski resort.
   Put **plenty of** sauce on the meat.
3. Give me **a little** space.
   There is **a little** milk left.
4. There is **not much** you can do.
   Not much money is left in the budget.
5. This will save us **a great deal of** time.
   There is **a great deal of** dust under your bed.

Training 67

부정대명사

writing WORK 1

1. There is nothing better than ice cream on a hot day.
   There is something better than the rest.

2. He has such a nice manner that everyone likes to be with him.
   I heard such impressive words that I never forgot them.

3. No one knows the reason why she returns.
   No one knew the reason why people kept silent.

writing WORK 2

1. I have been using this.
   There is nothing better than it.
   I don't hesitate to recommend it.

2. We should have him give a presentation.
   The man has such a nice voice that everyone likes to hear it.
   People pay attention to what he says.

3. It has been like this for a week.
   No one knows the reason why this doesn't work.
   It is the first time it has gone dead like this.

writing WORK 3

1. I have been using this. There is nothing better than it. I don't hesitate to recommend it.

2. We should have him give a presentation. The man has such a nice voice that everyone likes to hear it. People pay attention to what he says.

3. It has been like this for a week. No one knows the reason why this doesn't work. It is the first time it has gone dead like this.

writing WORK 4

1. B: That's what everybody says.
   A: I wish I had more.

2. B: Who are you talking about?
   A: I am talking about James.

3. B: Maybe we need to bring it to a mechanic.
   A: Do you think he can fix it?

writing WORK 5

SAMPLE Perfect Sentences

1. I think **someone** has been here recently.
   Someone must know the password.

2. **Anybody** can do it.
   Does **anybody** remember seeing John?

3. **Nobody** will help you.
   Nobody knows what happened to Mary.

4. There is **nothing** more we can do.
   There is **nothing** left in the refrigerator.

5. I will tell **everyone** about it.
   Everyone knows she did it.

Training 68 *Review&Practice* 정답 p.68

Answers

Training 69 — 전환구를 사용해서 문장 쓰기

writing WORK

1. All things considered, the competition between him and me will continue.
   All things considered, the friendship between us will grow after this.
2. On the other hand, people taking a large amount of vitamin C live longer.
   On the other hand, students reviewing the lesson do better on this test.
3. As an illustration, gossip is so appealing that it spreads like a wildfire.
   As an illustration, water is so scarce in desert that people live a nomadic life.

writing WORK

1. The amount of natural resources is regarded as national competitiveness.
   All things considered, the race between nations over the development of resources will continue.
   Solar energy and wind power will gradually become more valuable.
2. More than half of the students had scores below 70%.
   On the other hand, students given tips performed better on this test.
   Even small tips can make a big difference.
3. Being a well-known person could damage his/her private life.
   As an illustration, a movie star, Lee, is so famous that people recognize him wherever he goes.
   People watch every movement he makes.

writing WORK

1. The amount of natural resources is regarded as national competitiveness. All things considered, the race between nations over the development of resources will continue. Solar energy and wind power will gradually become more valuable.
2. More than half of the students had scores below 70%. On the other hand, students given tips performed better on this test. Even small tips can make a big difference.
3. Being a well-known person could damage his/her private life. As an illustration, a movie star, Lee, is so famous that people recognize him wherever he goes. People watch every movement he makes.

writing WORK

1. B: What is the leading country?
   A: The US and Russia are leading in rocket science.
2. B: How much better did they perform?
   A: Far better than the average.
3. B: What makes him so famous?
   A: He's a good actor.

writing WORK
SAMPLE Perfect Sentences

1. **Furthermore**, he told us to join him.
   Furthermore, they achieved a perfect score.
2. **To put it differently**, we did better than expected.
   To put it differently, the project is not going well.
3. **Similarly**, I do not want to be disturbed.
   Similarly, some robots can walk and run like humans.
4. **With attention to** the recent changes in fashion, people will like to dress in pink.
   With attention to the results, we should spend more time writing.
5. **For this reason**, all flights have been canceled.
   For this reason, the park has been closed.

Training 70 — 5형식 정리

writing WORK 1

1. He felt something moving out of the window in the middle of the night.
   He saw his friend going back home in the middle of the day.
2. Did you expect me to finish it early?
   Did you train your dog to open the door?
3. Can you fix it by tomorrow? I want this fixed by tomorrow.
   Can you gift-wrap it? I want this wrapped.

writing WORK 2

1. He was sitting on a sofa and watching TV.
   He heard someone knocking on the door in the middle of the night.
   He thought it was Harry living next door.
2. What took her so long?
   Did you ask her to come quickly?
   I asked her twice and I even left a note.
3. I heard that you have rapid service.
   Can you finish it in three days? I want this done by this Friday.
   The faster you finish it, the more I will like it.

writing WORK 3

1. He was sitting on a sofa and watching TV. He heard someone knocking on the door in the middle of the night. He thought it was Harry living next door.
2. What took her so long? Did you ask her to come quickly? I asked her twice and I even left a note.
3. I heard that you have rapid service. Can you finish it in three days? I want this done by this Friday. The faster you finish it, the more I will like it.

writing WORK 4

1. B: Who was knocking on the door?
   A: His neighbor living next door.
2. B: No, not yet. I thought you did it.
   A: How come you always put off your work?
3. B: Yes, I can do that.
   A: Should I call or are you going to call when it is finished?

writing WORK 5

SAMPLE Perfect Sentences

1. **The new policy makes** us busier than before.
   The new policy makes a lot of people upset.
2. **We heard** some people shouting and yelling.
   We heard them talking about their vacation.
3. **They want** this stain removed.
   They want the window repaired immediately.
4. **He saw** the suspect escape on foot.
   He saw many people camp in the summer.
5. **The majority of people felt** the floor shaking.
   The majority of people felt it unsafe.

Training 71

4형식 정리

writing WORK

1. He told us a function that we should know about.
   She told me everything that I need to know.

2. I didn't have to send him the changes. He already knew.
   You have to send me someone right away. Just one is enough.

3. He asked me a shortcut so that he could save time.
   You asked me a tough question so that I couldn't give you an answer.

writing WORK 2

1. You two should use separate bedrooms.
   He told me the problem that you talked so much in your sleep that he couldn't sleep deeply.
   He wants me to tell you this.

2. It is not necessary for you to do that.
   You don't have to send them notifications every week. Just once a month is enough.
   Or you can let other people do it.

3. I wanted to be easy on her.
   I asked her a simple question so that she could start with no pressure.
   After that, everything went all right.

writing WORK 3

1. You two should use separate bedrooms. He told me the problem that you talked so much in your sleep that he couldn't sleep deeply. He wants me to tell you this.

2. It is not necessary for you to do that. You don't have to send them notifications every week. Just once a month is enough. Or you can let other people do it.

3. I wanted to be easy on her. I asked her a simple question so that she could start with no pressure. After that, everything went all right.

writing WORK

1. B: Did I?
   A: Yeah, he told me that.

2. B: But they asked me to do so.
   A: Next time, would you show me first?

3. B: So, how did she do?
   A: She did well without any significant mistakes.

writing WORK
SAMPLE Perfect Sentences

1. He **gave** her a letter.
   He **gave** me a warning.

2. The alarm **tells** me the departure time.
   He **tells** me the current conditions.

3. She **made** me a cake.
   He **made** her a pretty chair.

4. I will **send** you the report later.
   Please **send** me a confirmation when you can.

5. He **showed** me the data.
   She **showed** her friend her pictures with him.

Training 72 Review&Practice 정답 p.96

Training 73 — 비교급&최상급 1

writing WORK

1. Today is busier than yesterday. Tomorrow will be the busiest day in a week.
   Now is busier than this morning. This afternoon will be the busiest time in a day.
2. This room is warmer than that room. Where is the warmest room?
   This story is funnier than that story. Which one is the funniest among these three?
3. The store is bigger than the other one. I believe it is the biggest store in this town.
   This one is cheaper than the one you have. It is the cheapest one.

writing WORK

1. The number of people visiting here is growing. This month is busier than last month. Next month will be the busiest season in a year.
   We are trying to recruit more staff.
2. Of course, the weather in LA and Seoul is different.
   LA is hotter than Seoul. Where is the hottest place on earth?
   I prefer a place which is hot to a place which is cold.
3. Dave has succeeded in his new business.
   Dave is richer than Adam. I believe Dave is the richest person in this industry.
   They have been business rivals for decades.

writing WORK

1. The number of people visiting here is growing. This month is busier than last month. Next month will be the busiest season in a year. We are trying to recruit more staff.
2. Of course, the weather in LA and Seoul is different. LA is hotter than Seoul. Where is the hottest place on earth? I prefer a place which is hot to a place which is cold.
3. Dave has succeeded in his new business. Dave is richer than Adam. I believe Dave is the richest person in this industry. They have been business rivals for decades.

writing WORK

1. B: Do you expect more people than last year?
   A: Yes, I think more people will come.
2. B: The Sahara Desert.
   A: Have you been there?
3. B: How did he become so rich so fast?
   A: He was a creative artist.

writing WORK
SAMPLE Perfect Sentences

1. Things are going **smoother** today.
   This sweater feels **smoother** than that one.
2. Who is the **brightest** student in your class?
   I am trying to find the **brightest** star in the sky.
3. My house is just a little **farther**.
   J-Mart is **farther** than the corner supermarket.
4. You are the **luckiest** person alive!
   Sam is the **luckiest** person I know.
5. He looks **tougher** now.
   Jack is **tougher** than Steve.

Answers

Training 74

writing WORK

1. For me, *ramen* is more delicious than *udon*. *Ramen* is the most delicious.
   The game was more dramatic than the game yesterday. It was the most dramatic game.

2. Usually, a peer group is more influential than any other group. What is the most influential to children?
   Sometimes September is more humid than August. What is the most humid month?

3. He is more reliable than the other person. Especially, the information from him is the most reliable.
   This chair is more comfortable than that chair. Especially, the chair on the corner is the most comfortable.

writing WORK

1. We live in a world full of imagination.
   Imagination is more important than knowledge.
   Courage is the most important.
   The only thing we should know is how to fuel them.

2. Both diamonds and gold are considered to have monetary value.
   Usually, a diamond is more expensive than gold. What is the most expensive item you have?
   You must have some items that can't be measured in money.

3. There is an old saying.
   Time is more valuable than money. Especially, the time of our youth is the most valuable.
   I think not only time but also health is as valuable as time is.

writing WORK

1. We live in a world full of imagination. Imagination is more important than knowledge. Courage is the most important. The only thing we should know is how to fuel them.

2. Both diamonds and gold are considered to have monetary value. Usually, a diamond is more expensive than gold. What is the most expensive item you have? You must have some items that can't be measured in money.

3. There is an old saying. Time is more valuable than money. Especially, the time of our youth is the most valuable. I think not only time but also health is as valuable as time is.

writing WORK

1. B: What do you think is the most important in our life?
   A: It is love.

2. B: Well, let me think. It is my bag.
   A: How much is it?

비교급&최상급 2

3. B: Do you really think so?
   A: That is what most people say.

writing WORK 5
SAMPLE Perfect Sentences

1. Their brave actions were **more remarkable** than others.
   This model is **more remarkable** than the other one.

2. It was **the most passionate** play I have ever seen.
   He gave **the most passionate** speech I ever heard.

3. Smoking is **more hazardous** than drinking.
   Construction sites are **more hazardous** than city streets.

4. Diamonds are **the most solid** objects in the world.
   This picture is **the most solid** evidence for the case.

5. He is even **more capable** than John.
   We need someone **more capable** of doing it.

Training 75 기타 비교 구문

writing WORK 1

1. I think she is as old as you are.
   I thought he was as busy as I was.
2. The more you try, the better you will become.
   The more he writes, the better he can write.
3. The contents of the box are not similar to the picture.
   What you have is similar to mine.

writing WORK 2

1. He is not shorter than me anymore.
   I think he is as tall as I am.
   At the present rate of growth, he will be taller than me.
2. My first impression of him was quiet and tender.
   The better I know him, the more I like him.
   I would like to have more chances to meet him.
3. I read the entire series of books.
   The plot of this movie is not similar to the original novel.
   No wonder people say books are always better than movies.

writing WORK 3

1. He is not shorter than me anymore. I think he is as tall as I am. At the present rate of growth, he will be taller than me.
2. My first impression of him was quiet and tender. The better I know him, the more I like him. I would like to have more chances to meet him.
3. I read the entire series of books. The plot of this movie is not similar to the original novel. No wonder people say books are always better than movies.

writing WORK 4

1. B: How tall are you?
   A: I am 170cm.
2. B: So, what are you going to do?
   A: I am going to see him again.
3. B: How is it different?
   A: The end is very different.

writing WORK 5

SAMPLE Perfect Sentences

1. Today is **as** hot **as** yesterday was.
   The electricity bill is **as** high **as** it was before.
2. **The** strong**er** you become, **the** fast**er** you can swim.
   The bigg**er** it gets, **the** scar**ier** it becomes.
3. This movie **is similar to** the one I saw last year.
   This landscape **is similar to** where I grew up.
4. I have **as** much money **as** she has.
   This watch is **as** expensive **as** that one.
5. **The** short**er** it is, **the more** I can handle it.
   The cheap**er** it is, **the more** interested she will be.

Training 76 Review&Practice 정답 p.124

Training 77

명사절 만들기(주어, 보어)

writing WORK 1

1. It is necessary that you carry this with you.
   It is recommended that you start your route from here.
2. That they would reunite was not anticipated.
   That I passed the exam surprised me.
3. That I can go wherever I want doesn't seem to be true.
   That I can do whatever I want seems to be exaggerated.

writing WORK 2

1. Your safety during the field trip is our primary concern.
   It is important that everyone understands the rules and follows them.
   We will be more than happy to help you when you need it.
2. It is just a rumor until it happens.
   That a meteor will hit the earth has never worried me.
   I am voting that nothing happens.
3. The advertisement says it is only 5 dollars.
   That we can eat whatever we want in the restaurant doesn't seem to be true.
   There must be a hidden cost.

writing WORK 3

1. Your safety during the field trip is our primary concern. It is important that everyone understands the rules and follows them. We will be more than happy to help you when you need it.
2. It is just a rumor until it happens. That a meteor will hit the earth has never worried me. I am voting that nothing happens.
3. The advertisement says it is only 5 dollars. That we can eat whatever we want in the restaurant doesn't seem to be true. There must be a hidden cost.

writing WORK 4

1. B: What if someone breaks the rules?
   A: There will be a penalty point.
2. B: Do you think it will happen?
   A: You never know.
3. B: It is true. It is a buffet lunch.
   A: Have you been there before?

writing WORK 5
SAMPLE Perfect Sentences

1. **That he** did it is true.
   That he didn't show up was not a surprise.
2. **That our members** participated in the event is noteworthy.
   That our members are satisfied with it is important.
3. **That you** bought this for me touched me.
   That you would even suggest that is incredible.
4. **It is** well known **that** Seoul is a dynamic city.
   It is a fact **that** the weather in the world changes rapidly.
5. **It is** funny **that** you said that.
   It is not arguable **that** the earth, not the sun, moves in the sky.

Training 78 — 명사절 만들기 (목적어)

writing WORK 1

1. I like how she dresses herself.
   I know how you did it.
2. I wonder whether or not it will rain.
   I wonder whether or not she will contact me sooner or later.
3. Let me know when to move.
   Don't let her know when to call.

writing WORK 2

1. He thinks his dog is his toy.
   I don't like how he treats dogs.
   He will get in trouble someday.
2. Only one out of ten can get through to the final.
   I wonder whether or not he will pass the exam.
   I heard that many questions have a high level of difficulty.
3. When I have time depends on the duration of my last meeting.
   I'll let you know when to come.
   I will call you as soon as I finish the meeting.

writing WORK 3

1. He thinks his dog is his toy. I don't like how he treats dogs. He will get in trouble someday.
2. Only one out of ten can get through to the final. I wonder whether or not he will pass the exam. I heard that many questions have a high level of difficulty.
3. When I have time depends on the duration of my last meeting. I'll let you know when to come. I will call you as soon as I finish the meeting.

writing WORK 4

1. B: I don't like it, either.
   A: Should we report it to the police?
2. B: He will pass the exam.
   A: Has he studied a lot?
3. B: When should I come?
   A: I said, "I will let you know."

writing WORK 5
SAMPLE Perfect Sentences

1. You will **discover that** everyone has signed the document.
   They will **discover that** there are new forms of life.
2. I **have found out that** they were related to each other.
   They **have found out that** Steve was not sick yesterday.
3. He **assumes that** everyone will agree with him.
   She **assumes that** we already know about the problem.
4. It **proved that** he was innocent.
   Her score **proved that** she understood it thoroughly.
5. The teacher is **pointing out that** you should practice every day.
   The teacher is **pointing out that** writing is an important subject.

Answers

Training 79 — if ~ or not, whether ~ or not, whether or not을 목적어로 쓰기

writing WORK 1

1. I wonder if he has left or not.
   I wonder if they sell it or not.

2. I wonder whether it is necessary or not.
   I wonder whether there will be a recess time or not.

3. Passengers wonder whether or not it is delayed.
   Everyone wondered whether or not there would be a bonus.

writing WORK 2

1. I have not been to the place in ages.
   I wonder if anything has changed or not.
   I am looking forward to going there.

2. It has not been used for years.
   I wonder whether it is safe or not.
   I would not use it if I were you.

3. What I heard about that is negative.
   I wonder whether or not that is trustworthy.
   I need to collect more information about that before I make up my mind.

writing WORK 3

1. I have not been to the place in ages. I wonder if anything has changed or not. I am looking forward to going there.

2. It has not been used for years. I wonder whether it is safe or not. I would not use it if I were you.

3. What I heard about that is negative. I wonder whether or not that is trustworthy. I need to collect more information about that before I make up my mind.

writing WORK 4

1. B: She has not changed a bit.
   A: Does she look the same as she did before?

2. B: We'll never know until we try.
   A: Do you want to try it first?

3. B: Believe me! That is trustworthy.
   A: How do you know for sure?

writing WORK 5
SAMPLE Perfect Sentences

1. **I wonder if** he will be late.
   I wonder if she is okay.

2. **I wondered whether** you got on the bus.
   I wondered whether I should go there alone or with my friends.

3. **He wondered whether or not** she got his message.
   He wondered whether or not the package arrived.

4. **I was wondering if** I could have a word with you.
   I was wondering if you could meet him later.

5. **I am wondering whether** I should call you.
   I am wondering whether it will rain tomorrow.

Training 80 Review&Practice 정답 p.150

Training 81
직접 화법 만들기

writing WORK

1. He said, "I'll never say that again to you."
   She said, "I'll do the rest."

2. She said, "I am sorry that I can't join you."
   The sign said, "Don't forget to take out the garbage!"

3. I was going to say, "It's a size too small."
   I was going to say, "It will be a thirty-minute lesson."

writing WORK

1. I am glad he has feelings for me.
   He said, "I'll never forget having a good time with you."
   I am going to meet him again.

2. She was hesitating for a moment as if she had something important to say.
   She said, "I am sorry that I forgot to tell you this news."
   The news she told me shocked me and I almost fainted.

3. He was already making a phone call to her.
   I was going to say, "It's too soon to call her."
   I should not be involved in this complex situation.

writing WORK

1. I am glad he has feelings for me. He said, "I'll never forget having a good time with you." I am going to meet him again.

2. She was hesitating for a moment as if she had something important to say. She said, "I am sorry that I forgot to tell you this news." The news she told me shocked me and I almost fainted.

3. He was already making a phone call to her. I was going to say, "It's too soon to call her." I should not be involved in this complex situation.

writing WORK

1. B: That means he has feelings for you.
   A: Do you think so?

2. B: That's okay. What kind of news is it?
   A: You will be promoted.

3. B: But it is almost certain.
   A: Isn't it better to wait a while?

writing WORK 5
SAMPLE Perfect Sentences

1. He said, "I'll make it up to you."
   He said, "I'll wait for you here."

2. She said, "I don't know what to do."
   She said, "I can finish the project soon."

3. The doctor said, "You have a cold."
   The doctor said, "You should stay in bed."

4. My friend shouted, "Don't move!"
   My friend shouted, "Don't wait for me!"

5. The inner voice was saying, "I can do it."
   The inner voice was saying, "I deserve this."

Training 82 조동사가 쓰인 직접 화법을 간접 화법으로 바꾸기

writing WORK

1. The waitress said that I could start with the salad bar.
   My boss said that I could take a day off.
2. My parents said that they would go to the same place.
   My younger brother said that he would let our parents know.
3. Our teacher said that I had to bring it with me.
   Our teacher said that I had to repeat after our teacher/him/her.

writing WORK

1. I purchased this last Saturday with my credit card.
   The clerk said I could get a refund at the customer service center.
   I didn't even open the box yet.
2. You can stay here for a few more hours if you want.
   My father said he would be a little bit late.
   He will probably be here at around 5.
3. The examination day is around the corner.
   Our teacher said we had to prepare for the test.
   He gave us specific guidance for the test.

writing WORK

1. I purchased this last Saturday with my credit card. The clerk said I could get a refund at the customer service center. I didn't even open the box yet.
2. You can stay here for a few more hours if you want. My father said he would be a little bit late. He will probably be here at around 5.
3. The examination day is around the corner. Our teacher said we had to prepare for the test. He gave us specific guidance for the test.

writing WORK

1. B: When did you purchase it?
   A: I purchased it last Wednesday.
2. B: What are you going to do?
   A: I will keep calling him to tell him to hurry.
3. B: Is he tough on you?
   A: No, he is easygoing.

writing WORK 5
SAMPLE Perfect Sentences

1. **A man sitting next to me said that I could** use it for free.
   A man sitting next to me said that I could put my bag under his seat.
2. **The message from Ted said that we should** call him at noon.
   The message from Ted said that we should leave without him.
3. **The teacher is saying that we can** have lunch time now.
   The teacher is saying that we can enter through the side door.
4. **The sign on the road says that cars in the right lane must** turn right.
   The sign on the road says that cars in the right lane must slow down.
5. **My sister keeps saying that she could** handle it by herself.
   My sister keeps saying that she could beat me in chess.

Answers   p. 166

Training 83 — 의문사+to부정사

writing WORK

1. I know exactly what to do next.
   I don't know what to say about this.
2. I really want to learn how to cook.
   She needs to learn how to operate it.
3. Please notify me when to reschedule.
   Please advise me when to begin.
4. He told me where to aim.
   I noticed where to look.

writing WORK 2

1. I just filled out this application form.
   I don't know what to do next.
   I was told to bring the application to the desk.
2. It is time for me to learn how to drive.
   I want to learn how to drive.
   I am a fast learner so I can learn fast.
3. I will keep going this way.
   Please tell me when to stop.
   Then, I will drop you off.
4. I don't have any clues about it.
   I can't decide where to search first.
   It would be very helpful if I knew where to begin.

writing WORK 3

1. I just filled out this application form. I don't know what to do next. I was told to bring the application to the desk.
2. It is time for me to learn how to drive. I want to learn how to drive. I am a fast learner so I can learn fast.
3. I will keep going this way. Please tell me when to stop. Then, I will drop you off.
4. I don't have any clues about it. I can't decide where to search first. It would be very helpful if I knew where to begin.

writing WORK

1. B: Why don't you ask him?
   A: I was thinking the same thing, too.
2. B: Have you ever been behind the wheel?
   A: Just for fun.
3. B: Keep going.
   A: Can I stop now?
4. B: Did you search the one I mentioned?
   A: No, I didn't.

writing WORK 5
SAMPLE Perfect Sentences

1. Please tell me **where to** put this stuff.
   The signs will tell you **where to** go.
2. I have no idea **how to** make kimchi.
   She doesn't know **how to** get to his house.
3. The manager will tell us **when to** open the main gate.
   Do you know **when to** jump?
4. He told me **what to** do.
   I don't know **what to** buy for her.
5. Did she tell you **which one to** get?
   Excuse me, could you tell me **which one to** take to go to Incheon?

Training 84 Review&Practice 정답 p.179

Answers   p. 180

Training 85

관계대명사 that

writing WORK

1. This is not the only way that we can make money.
   This is the best possible way that can draw people's attention.

2. What was the title of the movie that we saw last week?
   What was the name of the food that we had a few days ago?

3. This is one of the styles that tells us the latest trend.
   This is one of the shirts that matches my pants.

writing WORK 2

1. We have tried out several ways to promote our products.
   This is the only way that can make a profit.
   This has been proven to be the most effective way compared to others.

2. I was fascinated by the melody of the song.
   What was the title of the song that we just listened to?
   I want to know who made the song.

3. Recently, we faced difficulties in obtaining a budget.
   This is one of the ideas that helps us resolve our problem.
   We finally have some time to breathe.

writing WORK

1. We have tried out several ways to promote our products. This is the only way that can make a profit. This has been proven to be the most effective way compared to others.

2. I was fascinated by the melody of the song. What was the title of the song that we just listened to? I want to know who made the song.

3. Recently, we faced difficulties in obtaining a budget. This is one of the ideas that helps us resolve our problem. We finally have some time to breathe.

writing WORK

1. B: Is there any other way?
   A: As far as I know, this is the only way.

2. B: It is on the tip of my tongue.
   A: Wasn't it *You Raise Me Up*?

3. B: I couldn't agree more.
   A: By the way, whose idea was it?

writing WORK

SAMPLE Perfect Sentences

1. This is **the building that** was shown in the movie.
   Where is **the building that** was built last year?

2. **The phenomenon that** he is talking about is called "deja vu".
   The phenomenon that you are witnessing is caused by sunlight hitting the water.

3. We noticed **the consistent pattern that** happens every year.
   It is **the consistent pattern that** you should pay attention to.

4. **The rumor that** I heard was not true at all.
   I have heard **the rumor that** is running like wildfire.

5. It was **the unprecedented event that** we cannot forget.
   The air show is **the unprecedented event that** everyone is talking about.

Training 86 — 관계대명사 who, which

writing WORK

1. He is not a man who ignores other people.
   He is a man who keeps his word.
2. I'm planning to meet her and tell the truth which may change her relationship with them.
   I'm hesitating to meet him and have a conversation which may become sensitive.
3. He left the class after lunch which is too early to go back home.
   He called me at night which is too late to call someone.

writing WORK

1. It is unusual for him to behave in that way.
   He is not a man who gets angry easily.
   There must be some reason we don't know behind it.
2. I have not talked to him since I had a big argument with him.
   I'm planning to meet him and have a private talk which may lead us into a new relationship.
   It is not necessary to have a cold relationship with him for a long time.
3. When I went to his home, he had already gone to school.
   He left home at 7 a.m. which is too early to go to school.
   I ran to catch up with him.

writing WORK

1. It is unusual for him to behave in that way. He is not a man who gets angry easily. There must be some reason we don't know behind it.
2. I have not talked to him since I had a big argument with him. I'm planning to meet him and have a private talk which may lead us into a new relationship. It is not necessary to have a cold relationship with him for a long time.
3. When I went to his home, he had already gone to school. He left home at 7 a.m. which is too early to go to school. I ran to catch up with him.

writing WORK

1. B: Will he forgive me?
   A: Sure, he will.
2. B: Why don't you give him time to think?
   A: I have given him enough time.
3. B: Where did he plan to go at such an early hour?
   A: Nobody knows.

writing WORK
SAMPLE Perfect Sentences

1. **All participants who** finish this course will receive a certificate.
   All participants who actively participate will be given an award.
2. I need **someone who** knows this.
   He wants to meet **someone who** is right for him
3. **There is a list of the students who** want to join the group.
   There is a list of the students who got A's on the English composition.
4. **This skirt, which** my sister gave me, is too small.
   This skirt, which I bought yesterday, is made of cotton.
5. **Show me the picture which** was on this desk.
   Show me the picture which you got from your aunt yesterday.

Training 87

the thing that 주어+동사 = what 주어+동사

writing WORK

1. You don't have to tell me what you have done.
   Somebody/Someone has to explain me what they did.
2. What you have in your bag is what I need later.
   What I found in the pile was not what I needed.
3. What you have said has not caused any trouble.
   What he has cooked has not been served yet.

writing WORK

1. I want to hear it directly from you.
   You have to tell me what you did.
   It is only a matter of time until the truth is discovered.
2. I was skeptical about this course in the beginning.
   What I learned in this course was what I need in the future.
   I will definitely recommend it to students I know.
3. I wouldn't be surprised if you have a stomachache.
   What you have eaten had not been cooked yet. Moreover, it was sitting on the table for two days.

writing WORK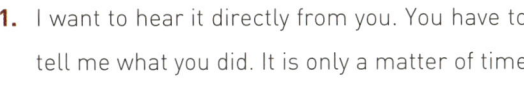

1. I want to hear it directly from you. You have to tell me what you did. It is only a matter of time until the truth is discovered.
2. I was skeptical about this course in the beginning. What I learned in this course was what I need in the future. I will definitely recommend it to students I know.
3. I wouldn't be surprised if you have a stomachache. What you have eaten had not been cooked yet. Moreover, it was sitting on the table for two days.

writing WORK

1. B: If I tell you what I did, you will be surprised.
   A: Try me!
2. B: You can say that again.
   A: I would recommend it to anyone.
3. B: You should have told me earlier.
   A: How much did you eat?

writing WORK

SAMPLE Perfect Sentences

1. You don't have to repeat **what you said**.
   I didn't hear **what you said**.
2. **What he tries to teach** is that writing in English is easy.
   What he tries to teach is that nothing is impossible.
3. **What I mean** is that you should be more patient.
   That is exactly **what I mean** to say.
4. **What I want to say** is that I love you.
   Please listen to **what I want to say**.
5. I know **what they have**.
   We don't have **what they have** now.

Training 88
the thing that 주어+be동사 = what 주어+be동사

writing WORK

1. I want to see what you are doing.
   I wanted to know what you were planning to do.

2. What she is excited about here is that the working condition is very nice.
   What I am curious about here is that how this place has been preserved.

3. It was quite similar to what you were showing.
   It was quite the same with what other people were saying.

writing WORK 2

1. You are not telling me why you bought this.
   I want to know what you are going to do.
   I will keep following you until you tell me.

2. What you heard about this place is different from the reality.
   What I am happy about here is that the living expense is cheap.
   You feel like you are rich when you go shopping.

3. I didn't know it would be this good.
   It is quite different from what I was expecting.
   I should have come here earlier.

writing WORK 3

1. You are not telling me why you bought this. I want to know what you are going to do. I will keep following you until you tell me.

2. What you heard about this place is different from the reality. What I am happy about here is that the living expense is cheap. You feel like you are rich when you go shopping.

3. I didn't know it would be this good. It is quite different from what I was expecting. I should have come here earlier.

writing WORK

1. B: Just wait and see.
   A: Are you going to make trouble again?

2. B: How cheap is it?
   A: It is 30% cheaper.

3. B: What did you expect?
   A: I thought it would be smaller.

writing WORK
SAMPLE Perfect Sentences

1. I have no idea **what it is**.
   It depends on **what it is**.

2. **What I am saying** is that you can take this for free.
   I don't think you understand **what I am saying** to you.

3. **What you are good at** is what you can do better than other people.
   You should pursue a career in **what you are good at**.

4. **What she is doing** is against the rules.
   Do you have any idea **what she is doing**?

5. **What he is missing** is the key concept of the explanation.
   He cannot figure out **what he is missing**.

Training 89 Review&Practice 정답 p.215

Training 90 — 형용사절을 형용사구로 바꾸기

writing WORK 1

1. The man pointed at another man wearing a blue shirt.
   The man checked people holding tickets.
2. Who is the girl riding a bicycle with her dog?
   What is this yellow thing covering my pants?
3. How much is it wrapped with ribbons?
   How much were the glasses broken by accident?

writing WORK 2

1. He stared at the crowd trying to find his friend.
   The man recognized his friend wearing the same jacket.
   He yelled his name and gestured to cross the road.
2. It is too far to see clearly who she is.
   Who is the girl waving her hands at us?
   I can't even tell whether she is waving at us or someone else.
3. One of your T-shirts caught my eye.
   How much is the T-shirt displayed in the window?
   I like the design on the shirt.

writing WORK 3

1. He stared at the crowd trying to find his friend. The man recognized his friend wearing the same jacket. He yelled his name and gestured to cross the road.
2. It is too far to see clearly who she is. Who is the girl waving her hands at us? I can't even tell whether she is waving at us or someone else.
3. One of your T-shirts caught my eye. How much is the T-shirt displayed in the window? I like the design on the shirt.

writing WORK 4

1. B: They both must have bought it at the same store.
   A: I guess the jacket is hitting the market.
2. B: I can't see clearly.
   A: Is it Nobuyo?
3. B: Do you mean the one on the top left?
   A: No, the one on the bottom right of the window.

writing WORK 5
SAMPLE Perfect Sentences

1. What are the **rules guiding** the players?
   There are **rules guiding** people to be safe.
2. Some **experts performing** this have over ten years' experience.
   Experts performing in the show are highly trained.
3. **The message implying** his wrongdoing was delivered to the boss.
   Jane found **the message implying** that her boyfriend was preparing for her birthday party.
4. Tell me all **the cases including** your friends have studied.
   I have already heard **the cases including** a violation of traffic regulations.
5. I lost **the reservation number confirming** our hotel stay.
   Do you have **the reservation number confirming** your seats?

Training 91

writing WORK 1

1. They know my ideas. The idea, which is about redesigning it, is not a secret anymore.

They know my plan. The plan, which is about starting ahead of time, is not a secret anymore.

2. A: What is the story about?
B: The story which you will hear from her will shock you.
A: What is the story about?
B: The story which she told us was a surprise.

3. A: Where are the plates?
B: The plates, which you want to use, are on the table.
A: Where are the plates?
B: The plates, which you gave me, are still in the box.

writing WORK 2

1. They know my plan.
I announced that I was going to move to a different city.
The plan, which is about quitting my job, is not a secret anymore.
My coworkers will throw a going-away party for me.

2. A: What is the story about?
B: It is about the journey of her life after her twenties.
The story which I heard from her was shocking. Her voice is still echoing in my ears.

3. A: Where are the plates?
B: You washed and placed them in the drawer a minute ago.
The plates, which you are looking for, are in the first drawer.
Your hands are wet so be careful when you take out the plates.

writing WORK 3

1. I announced that I was going to move to a different city. The plan, which is about quitting my job, is not a secret anymore. My coworkers will throw a going-away party for me.

2. It is about the journey of her life after her twenties. The story which I heard from her was shocking. Her voice is still echoing in my ears.

3. You washed and placed them in the drawer a minute ago. The plates, which you are looking for, are in the first drawer. Your hands are wet so be careful when you take out the plates.

writing WORK 4

1. B: I haven't heard anything about it.
A: Don't pretend you didn't know!

2. B: The story which I heard from her was shocking.
A: Is the story based on fact?

3. B: The plates, which you are looking for, are in the first drawer.
A: I thought that I put them someplace else.

관계대명사의 계속적 용법과 제한적 용법

writing WORK
SAMPLE Perfect Sentences

1. I found **the books which** you requested.
   The books which were on the bookshelf before are now gone.

2. **The chairs which** are against the wall need to be moved.
   I like the color of **the chairs which** you bought.

3. **The doors, which** should never be locked, were locked.
   He asked the workmen to paint **the doors, which** were green, with white paint.

4. **The rooms which** are designated as non-smoking are on the third floor.
   The rooms which you requested are already reserved.

5. **The assigned seats which** were supposed to be available are occupied.
   The manager took us to **the assigned seats which** we reserved.

Training 92 Review&Practice 정답 p.234

Answers

Training 93

writing WORK

1. It was such a nice place that we could stay all day and have fun.
   It was such a nice opportunity that I could build up my experience.

2. This is such a great book that I want to read all over again.
   This is such a great game that everybody wants to play.

3. I had such a good time that I will never forget.
   We are having such a good time that we want to extend the time.

writing WORK

1. It was the weather that we had been waiting for.
   It was such nice weather that we could go out and have fun.
   As long as the weather is good, we will do it again tomorrow.

2. I usually don't watch the same movie more than twice.
   This is such a great movie that I want to watch it over and over again.
   I think this movie has changed my view of the world.

3. Everything went perfectly fine.
   We had such a good time that we didn't want to leave.
   There was always something to enjoy.

writing WORK 3

1. It was the weather that we had been waiting for. It was such nice weather that we could go out and have fun. As long as the weather is good, we will do it again tomorrow.

2. I usually don't watch the same movie more than twice. This is such a great movie that I want to watch it over and over again. I think this movie has changed my view of the world.

3. Everything went perfectly fine. We had such a good time that we didn't want to leave. There was always something to enjoy.

writing WORK

1. B: Where did you go today?
   A: We went to the park nearby and played soccer.

2. B: How many times have you watched it?
   A: More than 10 times I think.

3. B: What did you do?
   A: We talked a lot and found out that we had so much in common.

writing WORK
SAMPLE Perfect Sentences

1. This **is such** a nice place **that** I can stay all day.
   This **is such** a good book **that** I read it three times.

such ~ that 쓰기

2. The event **was such** a good idea **that** we decided to do it again next year.
   It **was such** a cold night **that** we were soon shivering.

3. They **were such** good hosts **that** we all soon felt very comfortable.
   They **were such** delicious treats **that** everyone wanted more.

4. It **was such** a pitiful situation **that** everyone wanted to help.
   The play **was such** a success **that** it ran for 24 months.

5. You **are such** a great teacher **that** I could never forget you.
   You **are such** a good person **that** I want to keep in touch.

Answers

Training 94 — so ~ that 쓰기

writing WORK 1

1. I liked her so much that I talked with her until late.
   You will like it so much that you may want to buy it right away.
2. The joke was so funny that even the teacher laughed loudly.
   The story was so interesting that I could not stop eavesdropping.
3. I was so busy that I almost forgot her birthday.
   He was so busy that he forgot to have lunch.

writing WORK 2

1. I didn't know it was so fun.
   I like it so much that I can spend all day doing it.
   Once you step in, you can't get away.
2. I heard a joke from my friend.
   The joke was so funny that I could not help laughing.
   Whenever I thought about it, I laughed.
3. He is running another business on the side.
   He was so busy that he forgot his birthday.
   It seems that he cares about his business much more than his personal life.

writing WORK 3

1. I didn't know it was so fun. I like it so much that I can spend all day doing it. Once you step in, you can't get away.
2. I heard a joke from my friend. The joke was so funny that I could not help laughing. Whenever I thought about it, I laughed.
3. He is running another business on the side. He was so busy that he forgot his birthday. It seems that he cares about his business much more than his personal life.

writing WORK 4

1. B: What makes you like it?
   A: It makes me relax and feel comfortable.
2. B: Don't you think he carried the joke too far?
   A: It was just a joke.
3. B: What was he doing?
   A: He was on a business trip.

writing WORK 5
SAMPLE Perfect Sentences

1. That restaurant is **so** expensive **that** I wonder who can afford to go there.
   This movie was **so** interesting **that** the audience sat still until the end.
2. They are **so** busy **that** they cannot offer a delivery service right now.
   The parents are **so** worried about their child **that** they called the police.
3. He was **so** happy **that** he got the promotion this month.
   The line was **so** long **that** we gave up and did something else.
4. He is **so** concerned about you **that** he followed you all the way home.
   The day was **so** hot **that** everyone stayed indoors with the air conditioning on.
5. It is **so** cold **that** my ears feel like they are frozen.
   The girl was **so** good at playing **that** the school gave her a scholarship.

Training 95 — 관계부사 where, when, why, how

p. 250

writing WORK

1. This is the room where I take a rest.
   Where I left my card is here.

2. I still remember the day when you visited me.
   Do you still remember the day when we met in a bus by chance?

3. Tell me two reasons why you agree with it.
   Can you tell me the reason why you disapprove?

4. He didn't tell me how he persuaded her.
   He showed me how he opened the locked door.

writing WORK

1. I stopped here for a moment.
   This is the place where I left my card.
   I think it slipped out of my pocket.

2. You were the one I had been looking for.
   I still remember the day when I saw you at the coffee shop.
   We had a long conversation until late.

3. I thought you had no problem with this.
   Tell me the reason why you disagree.
   Your opinion may be helpful to improve it.

4. I talked with him this morning.
   He told me how he met her.
   He has nothing to do with this problem she caused.

writing WORK

1. I stopped here for a moment. This is the place where I left my card. I think it slipped out of my pocket.

2. You were the one I had been looking for. I still remember the day when I saw you at the coffee shop. We had a long conversation until late.

3. I thought you had no problem with this. Tell me the reason why you disagree. Your opinion may be helpful to improve it.

4. I talked with him this morning. He told me how he met her. He has nothing to do with this problem she caused.

writing WORK

1. B: Can you be more specific?
   A: I left my card on top of the shelf.

2. B: Do you?
   A: Your first impression was very impressive.

3. B: Because the schedule is too tight.
   A: Do we have a choice?

4. B: Really? How did they meet?
   A: He said she was his classmate.

writing WORK 5
SAMPLE Perfect Sentences

1. Please tell me **where** I can put my luggage.
   This is the room **where** I grew up.

2. Can you tell me **why** you were late?
   He explained **why** he was doing it.

3. She is wondering **how** he passed the exam.
   Tom wanted to know **how** they operated the device.

4. Do you know **when** the event will start?
   I remember the day **when** I met you for the first time.

5. I quickly learned **where** I should go for it.
   Tell me **where** you bought such a beautiful scarf.

Answers
Training 96

writing WORK 1

1. You can go to him whenever you like.
   You can email me whenever you feel like.

2. The guide will be with you wherever you travel.
   They will be around you wherever you stay.

3. However easy it is, you need to be careful.
   However tough the situation is, I will face and overcome it.

4. I didn't change my route no matter what happened.
   I will keep my promise no matter what happens to me.

5. No matter how deep it is, we can detect it.
   No matter how expensive it is, people will buy it.

6. You can make it no matter when you start.
   They will say yes no matter when you ask them.

writing WORK 2

1. I will be at my house today.
   You can come to my house whenever you want.
   It is better for you to come at lunch time.

2. You decide and I will just follow.
   I will be with you wherever you are.
   Wherever you choose, it will be all right with me.

3. The ring caught my attention.
   However much it costs, I will buy that ring.
   It is just a matter of time.

4. I have already started doing it.
   I will not change my mind no matter what happens.
   I think it is worth doing.

5. I don't know what is wrong with me.
   No matter how much I sleep, I am tired.
   I should find a way to sleep more comfortably.

6. You are a valued customer to us.
   You are welcome here no matter when you come.
   We are ready to give you our full service.

writing WORK 3

1. I will be at my house today. You can come to my house whenever you want. It is better for you to come at lunch time.

2. You decide and I will just follow. I will be with you wherever you are. Wherever you choose, it will be all right with me.

3. The ring caught my attention. However much it costs, I will buy that ring. It is just a matter of time.

4. I have already started doing it. I will not change my mind no matter what happens. I think it is worth doing.

복합관계부사, 복합관계대명사, no matter ~

5. I don't know what is wrong with me. No matter how much I sleep, I am tired. I should find a way to sleep more comfortably.
6. You are a valued customer to us. You are welcome here no matter when you come. We are ready to give you our full service.

writing WORK 4

1. B: I will let you know before I come.
   A: When would that be?
2. B: Didn't you say that last time?
   A: This time, I mean it.
3. B: Is it really important to you?
   A: No questions about it.
4. B: You better think twice before you decide.
   A: Would you give me some advice?
5. B: What troubles you?
   A: I am under a lot of stress these days.
6. B: Thank you. I will visit again.
   A: Do you know the way to the main road?

If your wallet is stolen, you can find it **no matter where** it is.

3. **However** you may feel about it, you have to follow the rules.
   However it turns out, you will never forget this experience.
4. He will support you **no matter what** happens.
   No matter what the outcome is, remember you did your best.
5. **Whoever** said it was a genius.
   Whoever invented it will become rich.

Training 97 Review&Practice 정답 p.273

writing WORK 5
SAMPLE Perfect Sentences

1. **Whenever** you are ready, we will get going.
   He is supposed to report it **whenever** I request him to do so.
2. **No matter where** you go, I will be thinking of you.

Answers
Training 98

writing WORK

1. Why don't you throw them away?
   Why don't you hold it on?
2. They must want to carry them on continuously.
   They must want to get it over with this time.
3. I would like to put it down if it is okay.
   I would like to fill it out if I have time.
4. I accidentally cut it off.
   I accidentally mixed them up.
5. They said that they were going to keep it up for a while.
   You said that you were going to talk it over with her.

writing WORK

1. You are spending too much time on them. Why don't you leave them out? That way, you save your time and finish them early.
2. They are having a big sale all week long. They must want to sell them out as soon as possible. It is a chance for me to buy the one I have wanted.
3. I think this looks fine for me. I would like to try it on if it is okay. If it fits, I will take it.
4. I didn't know it was him. I accidentally let him in. He sounded different.
5. They were running over budget. They said that they were going to put it aside for a while. They also said it is a temporary condition and will not be long.

writing WORK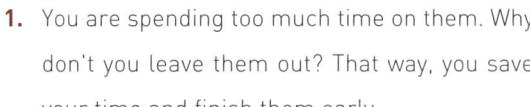

1. You are spending too much time on them. Why don't you leave them out? That way, you save your time and finish them early.
2. They are having a big sale all week long. They must want to sell them out as soon as possible. It is a chance for me to buy the one I have wanted.
3. I think this looks fine for me. I would like to try it on if it is okay. If it fits, I will take it.
4. I didn't know it was him. I accidentally let him in. He sounded different.
5. They were running over budget. They said that they were going to put it aside for a while. They also said it is a temporary condition and will not be long.

writing WORK 4

1. B: I can't figure out what is important and what is not. Everything seems to be important to me.

동사구 1

　　A: Can I help?

2. B: That is why they gave this huge discount.

　　A: Would you like to go and look at it?

3. B: Go ahead. Feel free to try.

　　A: Where is the fitting room?

4. B: What do you mean 'accidentally'?

　　A: I thought he was someone else.

5. B: For how long?

　　A: Until they have enough budget.

writing WORK

SAMPLE Perfect Sentences

1. You are **hold**ing it **up**.

　　You are **hold**ing **up** the line.

2. They tried to **sell** them **off** during the summer.

　　They tried to **sell off** all the used goods during the summer.

3. She **handed** it **over** to me.

　　She **handed over** her seats to me.

4. The coach will **send** him **in**.

　　The coach will **send in** his best player.

5. She will **pick** them **out** for her bridesmaids.

　　She will **pick out** dresses for her bridesmaids.

Answers

Training 99

writing WORK

1. This situation makes me hang around with him.
   His achievement made me look up to him.
2. It is natural to live on someone else at some point in our life.
   It is natural to grow up at different rates.
3. I look forward to seeing my old friend in the near future.
   I came along with my old friend to the place.
4. The color slowly stands out as time passes.
   The noise slowly died away as time passed.
5. I was lucky to get back to him almost on time.
   I am glad to come up with this answer.

writing WORK

1. I have found my old picture in the corner of my bookcase.
   This picture made me go back in my memory to 15 years ago.
   I wish I could go back to that time.
2. We all meet someone and start to build a relationship.
   It is natural to break up with someone at some point in our life.
   The point is what we learn from it.
3. I was going to school by subway.
   I came across my old friend in the subway.
   He hasn't changed a bit.
4. I bought this last year and have not worn it once.
   The color is slowly fading away as time passes.
   It looks old and used.
5. I forgot to do my homework for math class.
   I was lucky to get away with only a warning.
   I like our math teacher because he always gives us a second chance.

writing WORK

1. I have found my old picture in the corner of my bookcase. This picture made me go back in my memory to 15 years ago. I wish I could go back to that time.
2. We all meet someone and start to build a relationship. It is natural to break up with someone at some point in our life. The point is what we learn from it.
3. I was going to school by subway. I came across my old friend in the subway. He hasn't changed a bit.
4. I bought this last year and have not worn it once. The color is slowly fading away as time passes. It looks old and used.
5. I forgot to do my homework for math class. I was lucky to get away with only a warning. I like our math teacher because he always gives us a second chance.

동사구 2

writing WORK 4

1. B: What memory is it?
   A: The memory of my traveling in Tibet.

2. B: That's life.
   A: Did you ever break up with someone?

3. B: You did? Who was it?
   A: He was one of my best friends.

4. B: Why don't you keep it out of the sun?
   A: Does it help?

5. B: How did you do it?
   A: I ran as fast as I could without looking back.

writing WORK 5

SAMPLE Perfect Sentences

1. I ran to **get back** home quickly.
   We need to **get back** to the original idea.

2. I want to **run away from** my room.
   Don't **run away from** difficult situations.

3. He will **come up with** a solution to the problem.
   The designer will **come up with** some new ideas.

4. Caterpillars **grow out of** these cocoons.
   Great movies sometimes **grow out of** simple ideas.

5. He wants to **come along with** us.
   She asked me to **come along with** her.

Training 100 **Review&Practice** 정답 **p.299**

함께 학습하면 훈련 효과가  배!

EBS 명강사 한일 선생의 문장 확장 방식을 도입한 쓰기 훈련북

〈영어 라이팅 훈련 실천 다이어리〉는 '구슬이 서말이라도 꿰어야 보배'라는 말이 있듯이 영어로 글쓰기를 잘하기 위해서는 문법과 어휘만 알고 있어서는 안 되며 매일매일 밥 먹듯이 쓰기 훈련을 해야 한다는 믿음으로 만들어진 본격 영어 라이팅 훈련서입니다.

==문장 확장 방식(Expansion Mode)을 도입한 쓰기 훈련서로, 매일 조금씩 써 나가다 보면 자연스럽게 영어 문장 구조에 대한 이해가 넓어지고 문장이 쭈욱 쭉 길어지는 경험을 하게 될 것입니다.==
한 문장 한 문장이 모여 어느새 한 문단이 되고 곧 서술형 시험 및 TOEFL, TEPS, IELTS 등 어떤 Writing 시험에도 자신감이 붙게 될 것입니다.

문장 확장 방식의 **영어 라이팅 훈련** 실천 다이어리 시리즈

1 Story Writing `30일편`
한일 지음
4×6배판 변형 | 392쪽
18,000원(MP3 무료 다운로드)

2 E-mail Writing `30일편`
한일 지음
4×6배판 변형 | 448쪽
19,800원(MP3 무료 다운로드)

3 Essay Writing `40일편`
한일 지음
4×6배판 변형 | 560쪽
22,800원(MP3 무료 다운로드)

영어
라이팅 훈련
실천 확장 워크북
Training
61-100

영어
라이팅 훈련
실천 확장 워크북
Training
61-100

신속성과 정확성 두 마리의 토끼
빨리 쓰기에 도전하라!

본 교재에서 훈련한 '살 붙여서 이어서 쓰기', '질문&답변 문장 만들기' 부분의 전체 문장을 모아서 한 곳에 담았습니다.

문장 익힘 **MP3** 음원과 함께 활용하세요! www.saramin.com 자료실에서 다운로드

영어 라이팅 훈련
실천 확장 워크북
Training 61-100

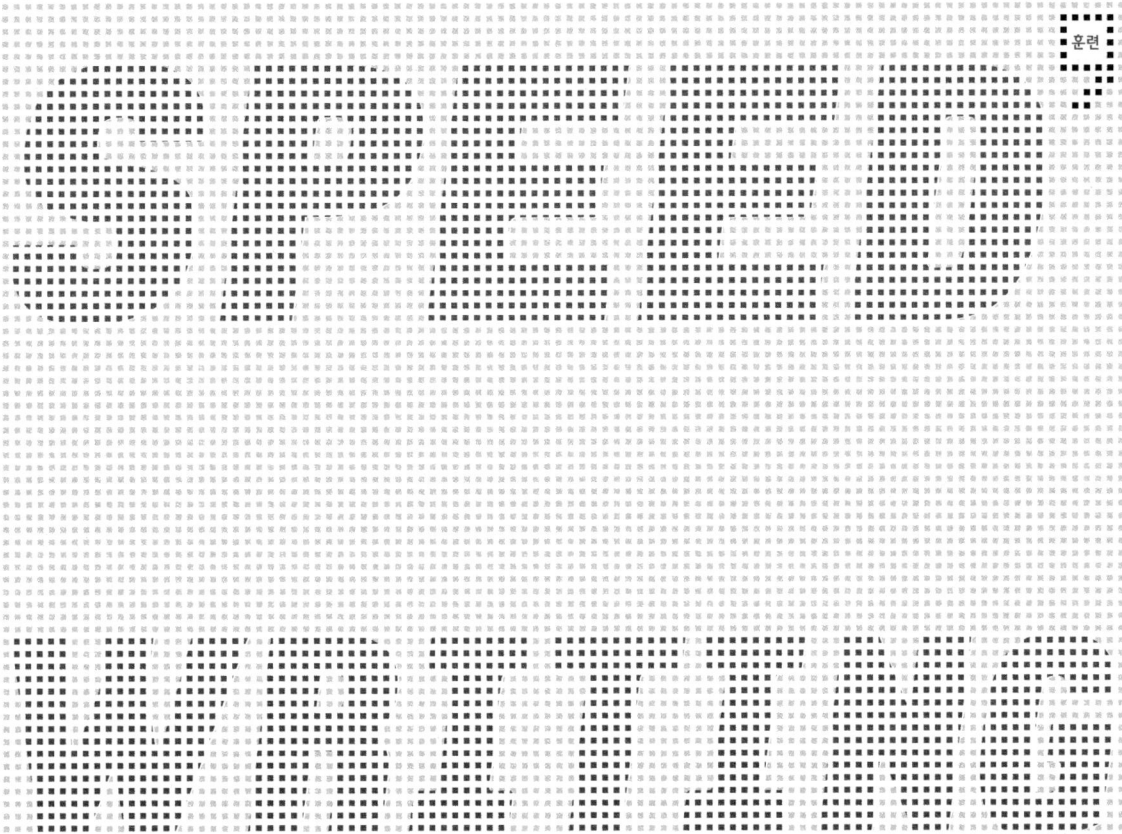

스피드 라이팅 트레이닝

앞서 쓰기 훈련한 짧은 문단들을 빠른 속도로 다시 써 보세요.
여러 장 복사해서 여러 번 쓰기 훈련하는 데 활용해 보세요!

빨리 쓰기 훈련

본 교재에서 훈련한 5-step 쓰기 훈련을 통해 익힌 문장들을 이번에는 제시된 제한 시간 내에 집중해서 빨리 써보는 훈련을 해 봅니다. 앞에서 써 본 문장들을 최대한 완벽하게 빨리 쓰도록 노력해 봅시다. 틀리게 쓰거나 제한 시간 내에 다 못 쓰는 경우, '정확성'과 '신속성' 두 마리의 토끼를 잡을 수 있을 때까지 더욱 열심히 쓰기 훈련하세요!

스피드 라이팅북 활용법

각 Training의 Writing Work 3 다시 쓰기를 한 후, 스피드 라이팅을 연습할 수 있습니다.

📖 복습용으로 활용하는 경우
- 하나의 Training이 끝날 때마다 스피드 라이팅북으로 와서 빨리 쓰기 훈련을 한 후, 다음 Training의 학습으로 넘어갑니다.
- 경우에 따라 본 교재를 모두 학습한 후, 스피드 라이팅북에서 한 과씩 복습하면서 다시 쓰기 훈련할 수 있습니다.

📖 테스트용으로 활용하는 경우
- 하나의 sheet를 여러 장 복사하여 여러 회 반복해서 빨리 쓰기 훈련을 할 수 있습니다. 처음에는 주어진 시간 내에 문장들을 모두 완벽하게 써내기가 어렵겠지만 여러 번 도전하다 보면 가능해집니다.
- 매번 쓰는 데 걸린 시간을 적으면서 시간을 조금씩 단축하여 제한 시간에 맞추도록 노력해 보세요!
- 최종적으로 문장 체득률을 테스트하는 단계로 활용할 수 있습니다.

Training 61 강조, 의문, 부정을 만드는 do

A 앞서 만든 짧은 문단 전체를 주어진 시간 내에 다시 써 보세요.

⏱ 제한 시간 2분 30초

1 제가 그에 대해서 어떻게 생각하는지 깨달았어요. 저는 그를 사랑해요. 그 사람을 생각하는 것을 멈출 수가 없어요.

2 왜 그녀가 그를 좋아한다고 생각해요? 그녀가 그에 대해 그렇게 많이 신경 썼나요? 그들에게 무슨 일이 생겼는데요?

3 저는 그가 일요일에 일하러 왔으면 해요. 물론, 그는 일요일에는 일하고 싶어 하지 않죠. 그가 거절할 수 없는 무언가를 제공할 필요가 있다고 생각해요.

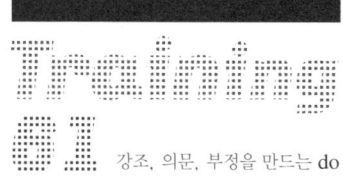
Training 61
강조, 의문, 부정을 만드는 do

B 앞서 만든 대화문을 주어진 시간 내에 다시 써 보세요.
제한 시간 1분 20초

1
- **A** I do love him.
- **B** 그도 그것을 알고 있니?

- **A** 아니, 그는 전혀 모르고 있어.

2
- **A** Did she care him so much?
- **B** 응, 그녀는 그를 아주 많이 돌봐줬어.

- **A** 왜 그녀가 그를 돌봐줬지?

3
- **A** Of course, he doesn't want to work on Sunday.
- **B** 누가 일요일에 일하기를 원하겠어?

- **A** 내 생각에 어떤 사람들은 그럴 걸.

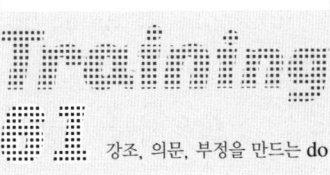

강조, 의문, 부정을 만드는 do

정답 문장을 네이티브 스피커의 음성으로 들으면서 외워 보세요.

MP3 61_A

1. I realized how I feel about him. I do love him. I can't stop thinking about him.

2. Why do you think she liked him? Did she care for him so much? What happened to them?

3. I want him to come to work on Sunday. Of course, he doesn't want to work on Sunday. I think I need to offer something he can't refuse.

MP3 61_B

1.
   - Ⓐ I do love him.
   - Ⓑ Does he know that, too?
   - Ⓐ No, he has no idea.

2.
   - Ⓐ Did she care for him so much?.
   - Ⓑ Yes, she cared for him so much.
   - Ⓐ Why did she care for him?

3.
   - Ⓐ Of course, he doesn't want to work on Sunday.
   - Ⓑ Who wants to work on Sunday?
   - Ⓐ I think some people do.

의문사를 사용한 의문문

A 앞서 만든 짧은 문단 전체를 주어진 시간 내에 다시 써 보세요.

제한 시간 3분

1 우리 TV로 영화 봐요. 리모컨을 어디에 두었어요? 제가 지난번에 봤을 때는 여기에 있었는데요.

2 그 이후로 그들은 함께 일하고 있는 중이에요. 누가 이점을 가진다고 생각해요? 그들이 동등하게 대접받아야 한다고 생각하지 않아요?

3 저는 당신이 그와 가깝게 일하는 것을 봤어요. 어떻게 돼가요? 사람들이 말하기를 그가 협조적이라고 하던데요.

4 저는 이 일에 관여하고 싶지 않아요. 왜 옛날 일을 들추고 그러세요? 그건 저와는 관계가 없어요.

의문사를 사용한 의문문

B 앞서 만든 대화문을 주어진 시간 내에 다시 써 보세요.
제한 시간 1분 50초

1
- **Q** Where did you put the remote control?
- **B** 내가 그걸 테이블 위에 놓았었는데.

- **Q** 이리 와서 그것을 찾아볼 수 있겠니?

2
- **Q** Who do you think has an advantage?
- **B** 누구든 일찍 오는 사람.

- **Q** 몇 시가 일찍인데?

3
- **Q** How does it work?
- **B** 그게 제대로 작동하지 않았어.

- **Q** 뭐라고? 뭐가 잘못된 거였니?

4

🅐 Why do you bring up the past?
🅑 네가 먼저 얘기를 꺼냈잖아.

🅐 너는 왜 항상 내가 하지도 않은 일을 가지고 나한테 뭐라고 하니?

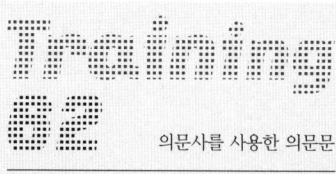

의문사를 사용한 의문문

정답 문장을 네이티브 스피커의 음성으로 들으면서 외워 보세요.

1 Let's watch a movie on TV. Where did you put the remote control? It was here last time I saw it.

2 They have been working together since then. Who do you think has an advantage? Don't you think they should be treated equally?

3 I saw you working with him closely. How does it work? People say that he is supportive.

4 I want to stay out of this. Why do you bring up the past? It has nothing to do with me.

1
- Q Where did you put the remote control?
- B I put it on the table.
- Q Can you come over and look for it?

2
- Q Who do you think has an advantage?
- B Anyone who comes early.
- Q What time is early?

3
- Q How does it work?
- B It didn't work all right.
- Q What? What went wrong?

4
- Q Why do you bring up the past?
- B You brought it up first.
- Q How come you are always blaming me for something I didn't do?

12시제 정리 1

앞서 만든 짧은 문단 전체를 주어진 시간 내에 다시 써 보세요.

제한 시간 2분 30초

1 변하지 않는 것은 없어요. 세상은 계속 변해요. 세상이 어떻게 끝날지 궁금하네요.

2 당신은 그 남자를 자주 보게 될 거예요. 당신이 계단에서 만난 그 남자는 6층에 살고 있어요. 그는 같이 있으면 재미있어요.

3 제가 없이 시작하셔도 돼요. 저는 일요일에는 2시부터 4시까지 가족과 함께 교회에 있을 거예요. 교회 끝나고 따라 가도록 할게요.

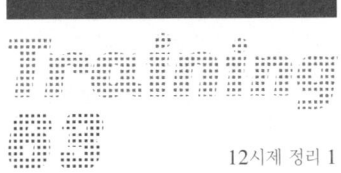

12시제 정리 1

B 앞서 만든 대화문을 주어진 시간 내에 다시 써 보세요.

제한 시간 1분 20초

1
- **A** The world keeps changing.
- **B** 모든 게 변하잖아요.

- **A** 변하지 않는 한 가지가 무엇일까?

2
- **A** The man you met on the stairs is living on the sixth floor.
- **B** Bill을 말하는 거니?

- **A** 네가 그 사람 이름을 어떻게 알아?

3
- **A** I will be in church from two to four with my family on Sunday.
- **B** 교회 끝난 후에 뭐 할 거니?

- **A** 확실히 모르겠어.

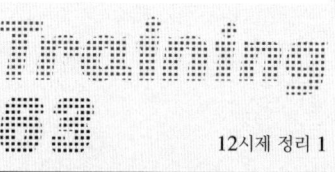

12시제 정리 1

정답 문장을 네이티브 스피커의 음성으로 들으면서 외워 보세요.

MP3 63_A

1 There is nothing unchangeable. The world keeps changing. I wonder how it will end up.

2 You will see the man often. The man you met on the stairs is living on the sixth floor. He is fun to be with.

3 You can start without me. I will be in church from two to four with my family on Sunday. I will catch up with you after church.

MP3 63_B

1 Q The world keeps changing.
Q Everything changes.
Q What is the one thing that doesn't change?

2 Q The man you met on the stairs is living on the second floor.
Q You mean Bill?
Q How do you know his name?

3 Q I will be in church from two to four with my family on Sunday.
Q What are you going to do after church?
Q I don't know for sure.

12시제 정리 2

A 앞서 만든 짧은 문단 전체를 주어진 시간 내에 다시 써 보세요.

제한 시간 2분 40초

1 몇 명이 오나요? 누가 우리에게 합류할 건가요? 저는 정확한 숫자를 알 필요가 있어요. 그래야 준비를 잘 할 수 있거든요.

2 당신이 읽어봐야 할 이메일이 있었어요. 저는 그때 그 이메일을 당신에게 전달하고 있는 중이었어요. 어떻게 생각하는지 알려 주세요.

3 그는 가르칠 때 반복하는 것을 좋아해요. 그는 (지금도) 같은 것을 반복해서 말하고 있는 중이에요. 그게 학생들이 외우도록 하는 그의 전략이거든요.

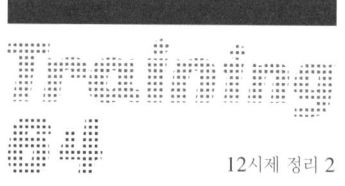

12시제 정리 2

B 앞서 만든 대화문을 주어진 시간 내에 다시 써 보세요.

제한 시간 1분 20초

1
- **A** Who will be joining us?
- **B** Jason과 Gerry.

- **A** 그들이 그것에 대해 어떻게 알았지?

2
- **A** I was forwarding the email to you then.
- **B** 그 이메일이 무엇에 관한 것이었니?

- **A** 그건 우리의 다음 모임에 관한 거였어.

3
- **A** He has been saying the same thing over and over again.
- **B** 그것이 중요한가 보지.

- **A** 너는 그게 우리에게 중요하다고 생각하니?

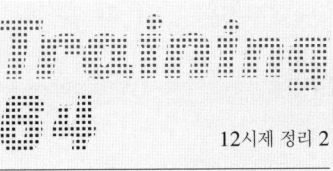

12시제 정리 2

정답 문장을 네이티브 스피커의 음성으로 들으면서 외워 보세요.

1. How many people are coming? Who will be joining us? I need to know the exact number so I can prepare well.

2. There was an email you should read. I was forwarding the email to you then. Let me know what you think.

3. He likes to repeat things when he teaches. He has been saying the same thing over and over again. That is his strategy to make students memorize.

1. Ⓐ Who will be joining us?
   Ⓑ Jason and Gerry.
   Ⓐ How did they know about it?

2. Ⓐ I was forwarding the email to you then.
   Ⓑ What was the email about?
   Ⓐ It was about our next meeting.

3. Ⓐ He has been saying the same thing over and over again.
   Ⓑ It must be important.
   Ⓐ Do you think it is important to us?

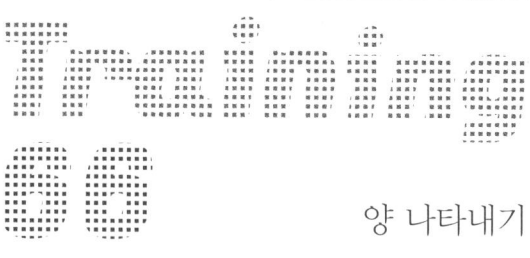

양 나타내기

A. 앞서 만든 짧은 문단 전체를 주어진 시간 내에 다시 써 보세요.

제한 시간 2분 40초

1 이 세상에 요정은 없어요. 믿거나 말거나 상당수의 사람들이 여전히 그것들의 존재를 믿고 있어요. 저는 평생 그것을 본 적이 없어요.

2 우리는 실내에 머무는 게 좋겠어요. 우리는 오늘 오후에 많은 비를 예상하고 있어요. 제 생각에 장마철이 오고 있는 것 같아요.

3 저는 예약 사이트에서 예약을 하려고 애쓰고 있어요. 거의 모든 자리가 예약되었어요. 앞쪽에 자리 몇 개, 그리고 뒤쪽에 자리 하나가 남아 있어요.

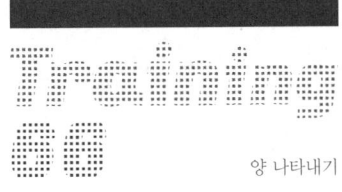

양 나타내기

B 앞서 만든 대화문을 주어진 시간 내에 다시 써 보세요.

제한 시간 1분 20초

1
- **A** Believe it or not, a significant number of people still believe in its existence.
- **B** 난 믿어.

- **A** 뭐라고? 너 정말로 그걸 믿는단 말야?

2
- **A** We are expecting much rain this afternoon.
- **B** 비가 올 것 같지가 않은데.

- **A** 너 우산이나 우비 가지고 있니?

3
- **A** Almost all the seats were reserved.
- **B** 그럼, 우린 어떻게 해야 될까?

- **A** 다음 것(자리)을 기다리자.

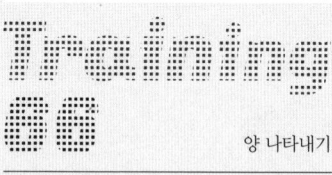

양 나타내기

정답 문장을 네이티브 스피커의 음성으로 들으면서 외워 보세요.

MP3 **66_A**

1 There are no elves in the world. Believe it or not, a significant number of people still believe in their existence. I have not seen one in my entire life.

2 We had better stay inside. We are expecting much rain this afternoon. I think the rainy season is coming.

3 I am trying to make a reservation on the reservation site. Almost all the seats were reserved. A few seats in the front and one seat in the back are left.

1
- Q Believe it or not, a significant number of people still believe in their existence.
- B I believe.
- Q What? Do you really believe that?

2
- Q We are expecting much rain this afternoon.
- B It doesn't look like it will rain.
- Q Do you have an umbrella or a raincoat?

3
- Q Almost all the seats were reserved.
- B Then, what are we going to do?
- Q Let's wait for the next one.

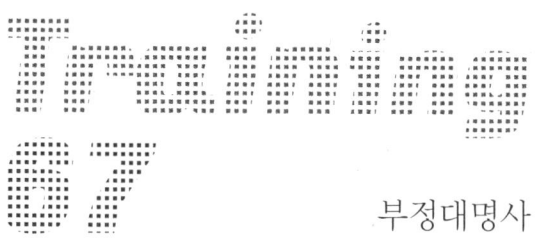

부정대명사

A. 앞서 만든 짧은 문단 전체를 주어진 시간 내에 다시 써 보세요.

제한 시간 2분 40초

1 저는 이것을 (내내) 사용하고 있어요. 그것보다 더 좋은 것은 없어요. 망설이지 않고 그것을 추천해요.

2 우리는 그에게 발표를 시켜야 해요. 그 남자는 워낙 멋진 목소리를 가지고 있어 모두가 그것을 듣는 걸 좋아해요. 사람들이 그가 말하는 것에 집중한다니까요.

3 그게 일주일째 이런 상태로 있어요. 아무도 왜 이것이 작동하지 않는지 그 이유를 몰라요. 그것이 이렇게 먹통이 된 건 처음이에요.

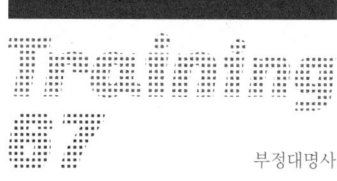
부정대명사

B: 앞서 만든 대화문을 주어진 시간 내에 다시 써 보세요.

제한 시간 1분 30초

1
- A: There is nothing better than it.
- B: 다들 그렇게 말해.

- A: 내가 더 많이 가지고 있으면 좋겠어.

2
- A: The man has such a nice voice that everyone likes to hear it.
- B: 너 누구에 대해 얘기하고 있는 거니?

- A: 난 James에 대해 얘기하고 있는 거야.

3
- A: No one knows the reason why this doesn't work.
- B: 아마 우리는 그것을 정비사에게 가져갈 필요가 있겠어.

- A: 넌 그가 그것을 고칠 수 있을 거라고 생각하니?

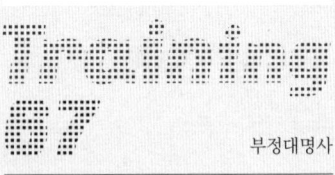

부정대명사

정답 문장을 네이티브 스피커의 음성으로 들으면서 외워 보세요.

▶ MP3 67_A

1 I have been using this. There is nothing better than it. I don't hesitate to recommend it.

2 We should have him give a presentation. The man has such a nice voice that everyone likes to hear it. People pay attention to what he says.

3 It has been like this for a week. No one knows the reason why this doesn't work. It is the first time it has gone dead like this.

▶ MP3 67_B

1
Q There is nothing better than it.
B That's what everybody says.
Q I wish I had more.

2
Q The man has such a nice voice that everyone likes to hear it.
B Who are you talking about?
Q I am talking about James.

3
Q No one knows the reason why this doesn't work.
B Maybe we need to bring it to a mechanic.
Q Do you think he can fix it?

전환구를 사용해서 문장 쓰기

앞서 만든 짧은 문단 전체를 주어진 시간 내에 다시 써 보세요.

제한 시간 3분 20초

1 천연 자원의 양이 국가 경쟁력으로 여겨지고 있어요. 모든 것을 고려해 볼 때, 자원 개발에 대한 국가들 간의 경쟁은 계속될 거예요. 태양 에너지와 풍력이 점차 가치가 높아지게 될 거예요.

2 절반 이상의 학생들이 70% 이하의 성적을 받았어요. 다른 한편으로, (작은) 정보라도 얻은 학생들은 이 시험을 더 잘 봤어요. 작은 정보라도 큰 차이를 만들 수 있다니까요.

3 유명인이 된다는 것은 개인의 사생활에 피해를 줄 수 있어요. 예를 들어, 영화배우 Lee는 워낙 유명해서 어디에 가든 사람들이 그를 알아보죠. 사람들은 그가 하는 모든 움직임을 지켜보거든요.

전환구를 사용해서 문장 쓰기

B 앞서 만든 대화문을 주어진 시간 내에 다시 써 보세요.

제한 시간 1분 30초

1

A All things considered, the race between nations over the development of resources will continue.

B 선도하고 있는 국가가 어디니?

A 미국과 러시아가 로켓 과학 분야에서 선도하고 있지.

2

A On the other hand, students given tips performed better on this test.

B 그들이 얼마나 더 잘 봤는데?

A 평균보다 훨씬 더.

3

A As an illustration, a movie star, Lee is so famous that people recognize him wherever he goes.

B 무엇이 그를 그렇게 유명하게 만드니?

A 그는 좋은 연기자야.

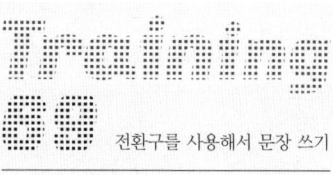

전환구를 사용해서 문장 쓰기

정답 문장을 네이티브 스피커의 음성으로 들으면서 외워 보세요.

1 The amount of natural resources is regarded as national competitiveness. All things considered, the race between nations over the development of resources will continue. Solar energy and wind power will gradually become more valuable.

2 More than half of the students had scores below 70%. On the other hand, students given tips performed better on this test. Even small tips can make a big difference.

3 Being a well-known person could damage his/her private life. As an illustration, a movie star, Lee is so famous that people recognize him wherever he goes. People watch every movement he makes.

▶ MP3 69_B

1
- **Q** All things considered, the race between nations over the development of resources will continue.
- **Q** What is the leading country?
- **A** The US and Russia are leading in rocket science.

2
- **A** On the other hand, students given tips performed better on this test.
- **Q** How much better did they perform?
- **A** Far better than the average.

3
- **A** As an illustration, a movie star, Lee is so famous that people recognize him wherever he goes.
- **Q** What makes him so famous?
- **A** He's a good actor.

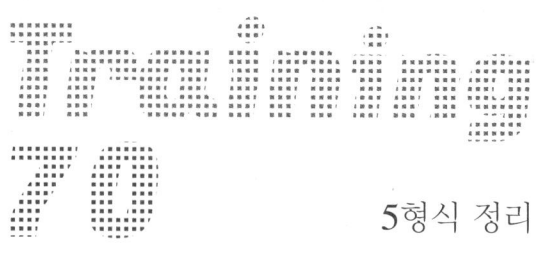

5형식 정리

앞서 만든 짧은 문단 전체를 주어진 시간 내에 다시 써 보세요.

제한 시간 3분

1 그는 소파에 앉아서 TV를 보고 있는 중이었어요. 그는 한밤중에 누군가 문을 두드리는 소리를 들었어요. 그는 그게 옆집에 사는 Harry인 줄 알았어요.

2 그녀가 왜 이렇게 오래 걸리죠? 그녀에게 빨리 오라고 부탁했어요? 제가 두 번이나 물어봤고 심지어 메모까지 남겼어요.

3 저는 당신이 속성 서비스를 한다고 들었어요. 당신은 그것을 3일 안에 끝낼 수 있겠어요? 저는 이게 금요일까지 끝났으면 하는데요. 당신이 그것을 빨리 끝내면 끝낼수록 저는 더 좋아요.

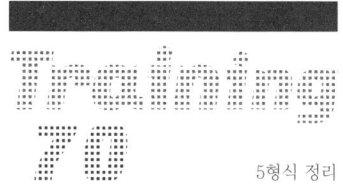

5형식 정리

B 앞서 만든 대화문을 주어진 시간 내에 다시 써 보세요.

제한 시간 1분 30초

1

A He heard someone knocking on the door in the middle of the night.
B 누가 문을 두드리고 있었는데?

A 옆집에 사는 그의 이웃.

2

A Did you ask her to come quickly?
B 아니, 아직. 나는 네가 한 줄 알았는데.

A 왜 너는 항상 너의 일을 미루니?

3

A Can you finish it in three days? I want this done by this Friday.
B 응, 할 수 있어.

A 내가 전화를 해야 하니, 아니면 그게 끝났을 때 네가 전화할 거니?

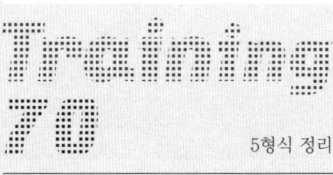

5형식 정리

정답 문장을 네이티브 스피커의 음성으로 들으면서 외워 보세요.

1 He was sitting on a sofa and watching TV. He heard someone knocking on the door in the middle of the night. He thought it was Harry living next door.

2 What took her so long? Did you ask her to come quickly? I asked her twice and I even left a note.

3 I heard that you have rapid service. Can you finish it in three days? I want this done by this Friday. The faster you finish it, the more I will like it.

1
- **A** He heard someone knocking on the door in the middle of the night.
- **B** Who was knocking on the door?
- **A** His neighbor living next door.

2
- **A** Did you ask her to come quickly?
- **B** No, not yet. I thought you did it.
- **A** How come you always put off your work?

3
- **A** Can you finish it in three days? I want this done by this Friday.
- **B** Yes, I can do that.
- **A** Should I call or are you going to call when it is finished?

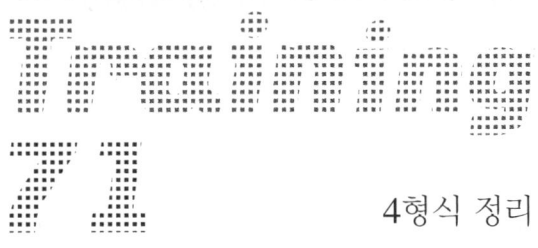

4형식 정리

앞서 만든 짧은 문단 전체를 주어진 시간 내에 다시 써 보세요.

제한 시간 3분 20초

1 당신 둘은 다른 방을 써야 되겠어요. 그는 당신이 자면서 잠꼬대를 너무 많이 해서 잠을 푹 잘 수가 없었던 문제를 제게 말했어요. 그가 당신한테 이걸 말해 달라고 했어요.

2 당신이 그런 일을 할 필요까지는 없어요. 당신이 그들에게 매주 공지 사항을 보낼 필요는 없어요. 한 달에 단 한 번이면 충분해요. 아니면 당신이 다른 사람들에게 그것을 하게 할 수도 있어요.

3 저는 그녀에게 대해 주고 싶었어요. 저는 그녀에게 간단한 질문을 했어요. 그래서 그녀가 부담 없이 시작할 수 있게요. 그 뒤로, 모든 게 잘됐죠.

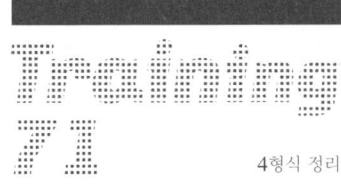

B 앞서 만든 대화문을 주어진 시간 내에 다시 써 보세요.

제한 시간 1분 30초

1
- **A** He told me about the problem that you talked so much in your sleep that he couldn't sleep.
- **B** 내가 그랬대?

- **A** 그래, 그가 내게 그렇게 말했어.

2
- **A** You don't have to send them notifications every week. Just once a month is enough.
- **B** 하지만, 그들이 그렇게 해달라고 내게 부탁했어.

- **A** 다음에는 내게 먼저 보여줄래?

3
- **A** I asked her a simple question so that she could start with no pressure.
- **B** 그래서, 그녀가 어떻게 했는데?

- **A** 그녀는 큰 실수 없이 잘 했어.

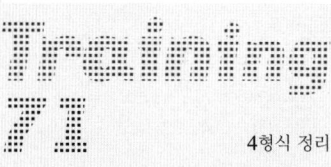

4형식 정리

정답 문장을 네이티브 스피커의 음성으로 들으면서 외워 보세요.

1 You two should use separate bedrooms. He told me the problem that you talked so much in your sleep that he couldn't sleep deeply. He wants me to tell you this.

2 It is not necessary for you to do that. You don't have to send them notifications every week. Just once a month is enough. Or you can let other people do it.

3 I wanted to be easy on her. I asked her a simple question so that she could start with no pressure. After that, everything went all right.

B MP3 71_B

1
Q He told me the problem that you talked so much in your sleep that he couldn't sleep.
B Did I?
Q Yeah, he told me that.

2
Q You don't have to send them notifications every week. Just once a month is enough.
B But, they asked me to do so.
Q Next time, would you show me first?

3
Q I asked her a simple question so that she could start with no pressure.
B So, how did she do?
Q She did well without any significant mistakes.

비교급&최상급 1

앞서 만든 짧은 문단 전체를 주어진 시간 내에 다시 써 보세요.

제한 시간 3분

1 이곳을 방문하는 사람들의 숫자가 늘고 있어요. 이번 달은 지난 달보다 바빠요. 다음 달은 일 년 중 가장 바쁜 시기가 될 거예요. 우리는 더 많은 직원을 뽑기 위해 노력하고 있는 중이에요.

2 물론, LA의 날씨와 서울의 날씨는 달라요. LA가 서울보다 더 덥죠. 지구에서 가장 더운 곳은 어디일까요? 저는 추운 곳보다 더운 곳을 선호해요.

3 Dave는 그의 새로운 사업에 성공했어요. Dave는 Adam보다 더 부자예요. 저는 Dave가 이 업계에서 제일 부자라고 생각해요. 그들은 수십 년간 업계 경쟁자였어요.

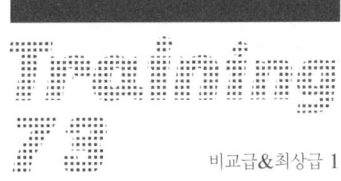

비교급&최상급 1

B: 앞서 만든 대화문을 주어진 시간 내에 다시 써 보세요.

제한 시간 1분 30초

1
- A: This month is busier than last month. Next month will be the busiest season in a year.
- B: 작년보다 더 많은 사람을 기대하나요?

- A: 네, 저는 더 많은 사람이 올 거라고 기대해요.

2
- A: LA is hotter than Seoul. Where is the hottest place on earth?
- B: 사하라 사막이지.

- A: 너 거기 가 본 적 있니?

3
- A: Dave is richer than Adam. I believe Dave is the richest person in this industry.
- B: 그는 어떻게 그렇게 빨리 그런 부자가 됐을까?

- A: 그는 창의력 있는 예술가였거든.

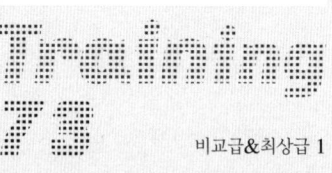

비교급&최상급 1

정답 문장을 네이티브 스피커의 음성으로 들으면서 외워 보세요.

1 The number of people visiting here is growing. This month is busier than last month. Next month will be the busiest season in a year. We are trying to recruit more staff.

2 Of course, the weather in LA and Seoul is different. LA is hotter than Seoul. Where is the hottest place on earth? I prefer a place which is hot to a place which is cold.

3 Dave has succeeded in his new business. Dave is richer than Adam. I believe Dave is the richest person in this industry. They have been business rivals for decades.

1
- Q This month is busier than last month. Next month will be the busiest season in a year.
- A Do you expect more people than last year?
- Q Yes, I think more people will come.

2
- Q LA is hotter than Seoul. Where is the hottest place on earth?
- A The Sahara Desert.
- Q Have you been there?

3
- Q Dave is richer than Adam. I believe Dave is the richest person in this industry.
- A How did he become so rich so fast?
- Q He was a creative artist.

비교급&최상급 2

A 앞서 만든 짧은 문단 전체를 주어진 시간 내에 다시 써 보세요.

⏱ 제한 시간 3분 20초

1 우리는 상상으로 가득한 세상에 살고 있어요. 상상은 지식보다 더 중요해요. 용기가 가장 중요하고요. 우리가 알아야 할 단 한 가지는 그것들에 어떻게 불을 지피는가예요.

2 다이아몬드와 금은 둘 다 금전적인 가치가 있는 것으로 여겨지는데요. 대개 다이아몬드가 금보다 더 비싸요. 당신이 갖고 있는 가장 비싼 물건은 뭐예요? 당신은 분명 돈으로 가치를 따질 수 없는 것들을 갖고 있을 거예요.

3 옛말도 있잖아요. 시간은 돈보다 더 가치가 있다고요. 특히, 젊은 시절의 시간이 가장 가치 있죠. 시간뿐만 아니라 건강도 시간만큼 가치 있다고 저는 생각해요.

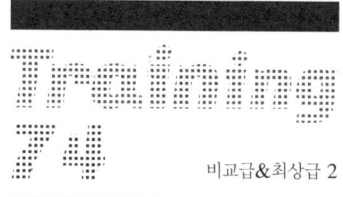

비교급&최상급 2

B: 앞서 만든 대화문을 주어진 시간 내에 다시 써 보세요.

제한 시간 1분 30초

1

A Imagination is more important than knowledge. Courage is the most important.

B 우리의 삶에서 가장 중요한 것이 무엇이라고 생각하니?

A 그건 사랑이야.

2

A Usually, a diamond is more expensive than gold. What is the most expensive item you have?

B 글쎄, 생각해보고. 그건 내 가방이야.

A 그게 얼마인데?

3

A Time is more valuable than money. Especially, the time of our youth is the most valuable.

B 정말 그렇게 생각하니?

A 대부분의 사람들이 그렇게 말하잖아.

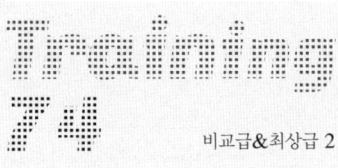

비교급&최상급 2

정답 문장을 네이티브 스피커의 음성으로 들으면서 외워 보세요.

1 We live in a world full of imagination. Imagination is more important than knowledge. Courage is the most important. The only thing we should know is how to fuel them.

2 Both diamonds and gold are considered to have monetary value. Usually, a diamond is more expensive than gold. What is the most expensive item you have? You must have some items that can't be measured in money.

3 There is an old saying. Time is more valuable than money. Especially, the time of our youth is the most valuable. I think not only time but also health is as valuable as time is.

B 🎵 MP3 74_B

1
- **Q** Imagination is more important than knowledge. Courage is the most important.
- **B** What do you think is most important in our life?
- **Q** It is love.

2
- **Q** Usually a diamond is more expensive than gold. What is the most expensive item you have?
- **B** Well, let me think. It is my bag.
- **Q** How much is it?

3
- **Q** Time is more valuable than money. Especially, the time of our youth is the most valuable.
- **B** Do you really think so?
- **Q** That is what most people say.

기타 비교 구문

A 앞서 만든 짧은 문단 전체를 주어진 시간 내에 다시 써 보세요.

제한 시간 2분 50초

1 그는 더 이상 저보다 작지 않아요. 그는 저만큼 키가 크다고 생각해요. 현재의 성장 속도라면 그는 저보다 키가 더 클 거예요.

2 그에 대한 첫인상은 조용하고 부드러웠어요. 그를 알면 알수록 그가 더 마음에 들어요. 저는 그를 만날 기회를 더 갖고 싶어요.

3 저는 그 책 시리즈를 전부 읽었어요. 이 영화의 줄거리가 원작 소설과 비슷하지 않네요. 사람들이 왜 항상 책이 영화보다 더 낫다고 하는지 알겠어요.

기타 비교 구문

B 앞서 만든 대화문을 주어진 시간 내에 다시 써 보세요.
제한 시간 1분 30초

1
- Ⓐ I think he is as tall as I am.
- Ⓑ 너는 키가 얼마나 되니?

- Ⓐ 170센티미터야.

2
- Ⓐ The better I know him, the more I like him.
- Ⓑ 그래서 어떻게 할 거니?

- Ⓐ 그를 다시 만나 볼 거야.

3
- Ⓐ The plot of this movie is not similar to the original novel.
- Ⓑ 그게 어떻게 다른데?

- Ⓐ 끝이 매우 달라.

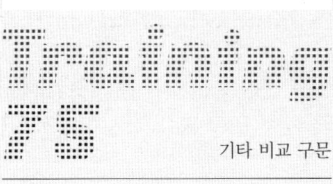

기타 비교 구문

정답 문장을 네이티브 스피커의 음성으로 들으면서 외워 보세요.

▶ MP3 75_A

1 He is not shorter than me anymore. I think he is as tall as I am. At the present rate of growth, he will be taller than me.

2 My first impression of him was quiet and tender. The better I know him, the more I like him. I would like to have more chances to meet him.

3 I read the entire series of books. The plot of this movie is not similar to the original novel. No wonder people say books are always better than movies.

▶ MP3 75_B

1
- A I think he is as tall as I am.
- B How tall are you?
- A I am 170cm.

2
- A The better I know him, the more I like him.
- B So, what are you going to do?
- A I am going to see him again.

3
- A The plot of this movie is not similar to the original novel.
- B How is it different?
- A The end is very different.

명사절 만들기
(주어, 보어)

A. 앞서 만든 짧은 문단 전체를 주어진 시간 내에 다시 써 보세요.

제한 시간 3분 20초

1 현장 학습 기간 동안 여러분의 안전이 우리의 주된 관심사예요. 모두가 규칙들을 이해하고 그것들을 따르는 것이 중요해요. 우리는 여러분이 필요로 할 때 도움이 된다면 더없이 기쁠 것입니다.

2 그 일이 실제 일어나기 전까지는 소문에 불과해요. 유성이 지구와 부딪칠 것이라는 생각이 저를 괴롭힌 적은 없어요. 저는 아무 일도 안 일어날 거라는 것에 한 표 던질게요.

3 그 광고에 따르면 그게 겨우 5달러래요. 그 식당에서 우리가 원하는 걸 무엇이든 먹을 수 있다는 것이 사실 같지가 않아요. 분명 숨겨진 비용이 있을 거예요.

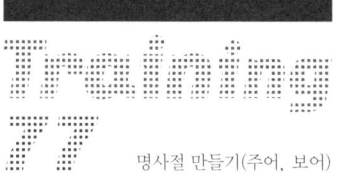

명사절 만들기(주어, 보어)

B 앞서 만든 대화문을 주어진 시간 내에 다시 써 보세요.

제한 시간 1분 30초

1
- **A** It is important that everyone understands the rules and follows them.
- **B** 만일 누군가가 규칙들을 깬다면?

- **A** 벌점이 있을 거야.

2
- **A** That a comet will hit the earth has never worried me.
- **B** 그런 일이 일어날 거라고 생각하니?

- **A** 아무도 모르는 일이지.

3
- **A** That we can eat whatever we want in the restaurant doesn't seem to be true.
- **B** 그건 사실이야. 그게 뷔페 런치거든.

- **A** 너 거기 가 본 적 있니?

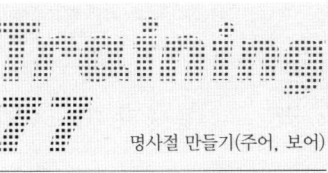

Training 77 명사절 만들기(주어, 보어)

정답 문장을 네이티브 스피커의 음성으로 들으면서 외워 보세요.

 ▶ MP3 77_A

1 Your safety during the field trip is our primary concern. It is important that everyone understands the rules and follows them. We will be more than happy to help you when you need it.

2 It is just a rumor until it happens. That a meteor will hit the earth has never worried me. I am voting that nothing happens.

3 The advertisement says it is only 5 dollars. That we can eat whatever we want in the restaurant doesn't seem to be true. There must be a hidden cost.

 ▶ MP3 77_B

1
- Ⓠ It is important that everyone understands the rules and follows them.
- Ⓑ What if someone breaks the rules?
- Ⓠ There will be a penalty point.

2
- Ⓠ That a comet will hit the earth has never worried me.
- Ⓑ Do you think it will happen?
- Ⓠ You never know.

3
- Ⓠ That we can eat whatever we want in the restaurant doesn't seem to be true.
- Ⓑ It is true. It is a buffet lunch.
- Ⓠ Have you been there before?

명사절 만들기(목적어)

앞서 만든 짧은 문단 전체를 주어진 시간 내에 다시 써 보세요.

제한 시간 2분 40초

1 그는 그의 개가 그의 장난감이라고 생각하고 있어요. 저는 그가 개를 다루는 방식이 마음에 안 들어요. 그는 언젠가는 곤란해지게 될 거예요.

2 열 사람 중 한 명만 결승에 도달하게 될 거예요. 저는 그가 시험에 통과할지 안 할지 궁금해요. 많은 문제들이 높은 수준의 난이도를 갖고 있다고 저는 들었어요.

3 제가 언제 시간이 날지는 저의 마지막 미팅의 길이에 달렸어요. 언제 오면 될지 당신에게 알려드릴게요. 미팅이 끝나자마자 당신에게 전화할게요.

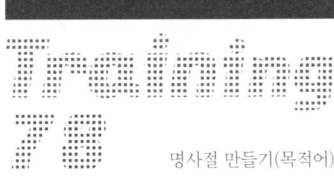

명사절 만들기(목적어)

B: 앞서 만든 대화문을 주어진 시간 내에 다시 써 보세요.
제한 시간 1분 30초

1
- A: I don't like how he treats dogs.
- B: 나 역시 마음에 안 들어.

- A: 우리가 경찰에 신고해야 할까?

2
- A: I wonder whether or not he will pass the exam.
- B: 그는 시험에 통과할 거야.

- A: 그가 (지금까지) 공부를 많이 했니?

3
- A: I'll let you know when to come.
- B: 내가 언제 와야 하는데?

- A: 내가 말했잖아. 내가 알려줄 거라고.

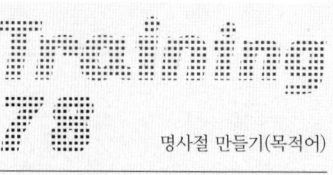

명사절 만들기(목적어)

정답 문장을 네이티브 스피커의 음성으로 들으면서 외워 보세요.

   ▶ MP3 **78_A**

1   He thinks his dog is his toy. I don't like how he treats dogs. He will get in trouble someday.

2   Only one out of ten can get through to the final. I wonder whether or not he will pass the exam. I heard that many questions have a high level of difficulty.

3   When I have time depends on the duration of my last meeting. I'll let you know when to come. I will call you as soon as I finish the meeting.

   ▶ MP3 **78_B**

1
- Q I don't like how he treats dogs.
- Q I don't like it, either.
- Q Should we report it to the police?

2
- Q I wonder whether or not he will pass the exam.
- Q He will pass the exam.
- Q Has he studied a lot?

3
- Q You and I should attend the class the day after tomorrow.
- Q When should I come?
- Q I said, "I will let you know."

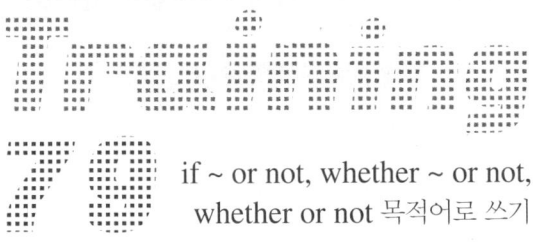

Training 79 if ~ or not, whether ~ or not, whether or not 목적어로 쓰기

A 앞서 만든 짧은 문단 전체를 주어진 시간 내에 다시 써 보세요.

제한 시간 2분 40초

1 저는 정말 오랫동안 그 장소에 가보지 못했어요. 저는 뭐든 변했는지 변하지 않았는지 궁금해요. 저는 그곳에 가보기를 학수고대하고 있는 중이에요.

2 그것은 수년간 사용되지 않았어요. 저는 그것이 안전한지 안전하지 않은지 궁금해요. 제가 만일 당신이라면 저는 그것을 사용하지 않을 거예요.

3 그것에 대해서 제가 들은 것은 부정적이에요. 그것이 믿을 만한지 그렇지 않은지 모두가 궁금해 해요. 마음의 결정을 내리기 전에 그것에 대해 더 많은 정보를 수집할 필요가 있어요.

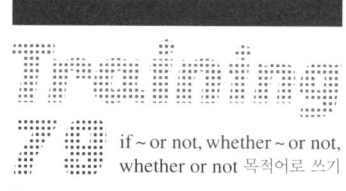

Training 79
if ~ or not, whether ~ or not, whether or not 목적어로 쓰기

B: 앞서 만든 대화문을 주어진 시간 내에 다시 써 보세요.

제한 시간 1분 30초

1
- **Q** I wonder if she has changed or not.
- **B** 그녀는 조금도 변하지 않았어.

- **Q** 그녀가 예전과 똑같아 보이니?

2
- **Q** I wonder whether it is safe or not.
- **B** 우리가 시도하기 전까지는 결코 알 수 없지.

- **Q** 네가 먼저 시도해보고 싶니?

3
- **Q** Everyone wonders whether or not that is trustworthy.
- **B** 나를 믿어. 그것은 믿을만 해.

- **Q** 그걸 어떻게 확실히 알아?

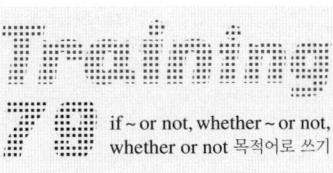

if ~ or not, whether ~ or not, whether or not 목적어로 쓰기

정답 문장을 네이티브 스피커의 음성으로 들으면서 외워 보세요.

▶ MP3 79_A

1 I have not been to the place in ages. I wonder if anything has changed or not. I am looking forward to going there.

2 It has not been used for years. I wonder whether it is safe or not. I would not use it if I were you.

3 What I heard about that is negative. I wonder whether or not that is trustworthy. I need to collect more information about that before I make up my mind.

▶ MP3 79_B

1
- Q I wonder if she has changed or not.
- Q She has not changed a bit.
- Q Does she look the same as she did before?

2
- Q I wonder whether it is safe or not.
- Q We'll never know until we try.
- Q Do you want to try it first?

3
- Q Everyone wonders whether or not that is trustworthy.
- Q Believe me! That is trustworthy.
- Q How do you know for sure?

직접 화법 만들기

앞서 만든 짧은 문단 전체를 주어진 시간 내에 다시 써 보세요.

제한 시간 3분

1 그가 저에게 마음이 있다니 기뻐요. 그는 말했어요, "나는 너와 보낸 좋은 시간을 절대 잊지 않을 거야." 저는 그를 다시 만나볼 거예요.

2 그녀는 마치 뭔가 중요한 것을 말할 게 있는 듯 잠시 머뭇거렸어요. 그녀는 말했어요, "이 소식을 너에게 말해주는 것을 잊어버려서 미안해." 그녀가 제게 말해준 소식은 제게 충격을 주었고 저는 거의 기절할 뻔했어요.

3 그는 이미 그녀에게 전화를 걸고 있는 중이었어요. 저는 말하려고 했어요, "그녀에게 전화하긴 너무 일러."라고. 저는 이 복잡한 상황에 얽히지 말아야겠어요.

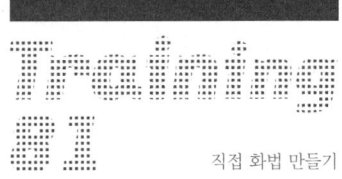

B 앞서 만든 대화문을 주어진 시간 내에 다시 써 보세요.

제한 시간 1분 30초

1
- **A** He said, "I'll never forget having a good time with you."
- **B** 그건 그가 너한테 관심이 있다는 뜻이야.

- **A** 그렇게 생각하니?

2
- **A** She said, "I am sorry that I forgot to tell you this news."
- **B** 괜찮아. 그게 어떤 종류의 소식인데?

- **A** 너 승진하게 될 거래.

3
- **A** I was going to say, "It's too soon to tell him."
- **B** 하지만 거의 확실하잖아.

- **A** 당분간 기다리는 것이 더 낫지 않을까?

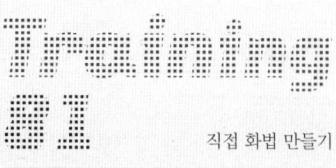

직접 화법 만들기

정답 문장을 네이티브 스피커의 음성으로 들으면서 외워 보세요.

MP3 81_A

1 I am glad he has feelings for me. He said, "I'll never forget having a good time with you." I am going to meet him again.

2 She was hesitating for a moment as if she had something important to say. She said, "I am sorry that I forgot to tell you this news." The news she told me shocked me and I almost fainted.

3 He was already making a phone call to her. I was going to say, "It's too soon to call her." I should not be involved in this complex situation.

MP3 81_B

1
- He said, "I'll never forget having a good time with you."
- That means he has feelings for you.
- Do you think so?

2
- She said, "I am sorry that I forgot to tell you this news."
- That's okay. What kind of news is it?
- You will be promoted.

3
- I was going to say, "It's too soon to tell him."
- But, it is almost certain.
- Isn't it better to wait a while?

조동사가 쓰인 직접 화법을 간접 화법으로 바꾸기

A 앞서 만든 짧은 문단 전체를 주어진 시간 내에 다시 써 보세요.

제한 시간 3분

1 저는 지난 토요일에 제 신용 카드로 이것을 구입했어요. 점원은 제가 고객서비스센터에서 환불을 받을 수 있을 거라고 말했어요. 저는 아직 상자도 열지 않았어요.

2 당신이 원한다면 당신은 여기에 몇 시간 더 머물러도 돼요. 제 아버지께서 조금 늦을 거라고 말씀하셨거든요. 아버지는 아마 5시쯤 여기 오실 거예요.

3 시험일이 코앞이에요. 우리 선생님은 우리가 시험 준비를 해야 한다고 말씀하셨어요. 선생님께서는 시험을 위한 구체적인 안내를 해주셨어요.

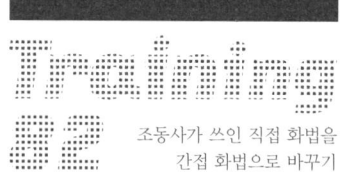
조동사가 쓰인 직접 화법을
간접 화법으로 바꾸기

B 앞서 만든 대화문을 주어진 시간 내에 다시 써 보세요.

제한 시간 1분 30초

1
- **Q** The clerk said I could get a refund at the customer service center.
- **Q** 그걸 언제 구입했는데?

- **Q** 지난 수요일에 그걸 구입했어.

2
- **Q** My father said he would be late a little bit.
- **Q** 넌 뭘 할 거니?

- **Q** 서둘러 들어오시라고 아빠한테 계속 전화할 거야.

3
- **Q** Our teacher said we had to prepare for the test.
- **Q** 선생님(he)이 너희들에게 깐깐하시니?

- **Q** 아니, 선생님은 느긋하셔.

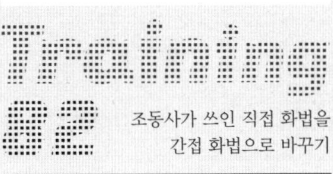
조동사가 쓰인 직접 화법을
간접 화법으로 바꾸기

정답 문장을 네이티브 스피커의 음성으로 들으면서 외워 보세요.

▶ MP3 82_A

1 I purchased this last Saturday with my credit card. The clerk said I could get a refund at the customer service center. I didn't even open the box yet.

2 You can stay here for a few more hours if you want. My father said he would be a little bit late. He will probably be here at around 5.

3 The examination day is around the corner. Our teacher said we had to prepare for the test. He gave us specific guidance for the test.

▶ MP3 82_B

1 Ⓐ The clerk said I could get a refund at the customer service center.
Ⓑ When did you purchase it?
Ⓐ I purchased it last Wednesday.

2 Ⓐ My father said he would be a little bit late.
Ⓑ What are you going to do?
Ⓐ I will keep calling him to tell him to hurry.

3 Ⓐ Our teacher said we had to prepare for the test.
Ⓑ Is he tough on you?
Ⓐ No, he is easy-going.

의문사+to부정사

앞서 만든 짧은 문단 전체를 주어진 시간 내에 다시 써 보세요.

제한 시간 3분 20초

1 저는 방금 이 신청서를 작성했어요. 그 다음 무엇을 해야 할지 저는 모르겠네요. 저는 신청서를 데스크로 가지고 오라는 얘기를 들었어요.

2 운전하는 법을 배울 때가 됐어요. 저는 어떻게 운전하는지 배우고 싶어요. 저는 (뭐든) 빨리 배우는 사람이니까 금방 배울 수 있을 거예요.

3 저는 이 길로 계속 갈게요. 언제 멈춰야 하는지 말해 줘요. 그러면, 제가 당신을 내려드릴게요.

4 저는 그것에 관해 아무 단서도 없어요. 먼저 어디를 찾아야 하는지 저는 결정을 못하겠어요. 제가 어디서 시작해야 하는지 알면 아주 도움이 될 텐데 말이죠.

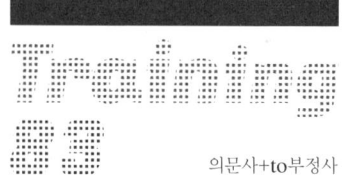
의문사+to부정사

앞서 만든 대화문을 주어진 시간 내에 다시 써 보세요.
제한 시간 1분 50초

1
- A I don't know what to do next.
- B 그에게 물어보는 것이 어때?

- A 나도 같은 생각을 하고 있는 중이었어.

2
- A I want to learn how to drive.
- B 운전대를 잡아본 적 있어요?

- A 그냥 재미삼아서요.

3
- A Please tell me when to stop.
- B 계속 가세요.

- A 지금 멈춰도 돼요?

4

Q I can't decide where to search at first.
B 내가 언급한 거기 찾아봤어?

Q 아니.

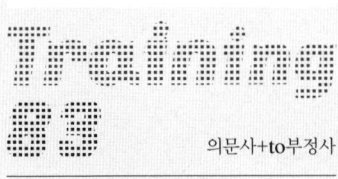

의문사+to부정사

정답 문장을 네이티브 스피커의 음성으로 들으면서 외워 보세요.

MP3 **83_A**

1 I just filled out this application form. I don't know what to do next. I was told to bring the application to the desk.

2 It is time for me to learn how to drive. I want to learn how to drive. I am a fast learner so I can learn fast.

3 I will keep going this way. Please tell me when to stop. Then, I will drop you off.

4 I don't have any clues about it. I can't decide where to search first. It would be very helpful if I knew where to begin.

MP3 83_B

1
- Q I don't know what to do next.
- B Why don't you ask him?
- Q I was thinking the same thing, too.

2
- Q I want to learn how to drive.
- B Have you ever been behind the wheel?
- Q Just for fun.

3
- Q Please tell me when to stop.
- B Keep going.
- Q Can I stop now?

4
- Q I can't decide where to search first.
- B Did you search the one I mentioned?
- Q No, I didn't.

관계대명사 that

A 앞서 만든 짧은 문단 전체를 주어진 시간 내에 다시 써 보세요.

제한 시간 3분

1 우리는 우리 제품들을 홍보하기 위해 여러 가지 방법을 써봤어요. 이것이 이윤을 낼 수 있는 유일한 길이에요. 이것이 다른 방법들과 비교해 봤을 때 가장 효과적인 방법이라는 것이 증명되었어요.

2 저는 그 노래의 멜로디에 (완전히) 반했어요. 우리가 방금 들은 그 노래의 제목이 뭐예요? 저는 그 노래를 누가 만들었는지 알고 싶어요.

3 최근 우리는 예산을 확보하는 데 어려움에 직면했어요. 이것이 우리의 문제를 푸는 데 도움이 되는 아이디어들 중 하나예요. 우리는 마침내 한숨 돌리게 됐어요.

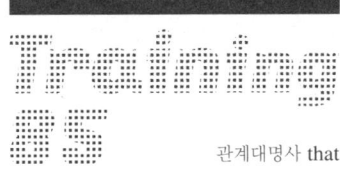

관계대명사 that

B 앞서 만든 대화문을 주어진 시간 내에 다시 써 보세요.
제한 시간 1분 30초

1

Q This is the only way that can make a profit.
B 다른 방법이 있어요?

Q 제가 아는 한, 이것이 유일한 방법이에요.

2

Q What was the title of the song that we just listened to?
B 그게 내 혀끝에서 맴도네.

Q 그게 *You Raise Me Up* 아니었니?

3

Q This is one of the ideas that helps us resolve our problem.
B 전적으로 동감이야.

Q 그건 그렇고, 그게 누구의 아이디어였니?

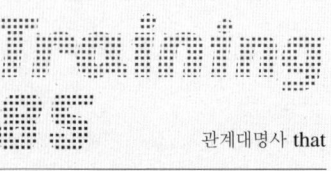
관계대명사 that

정답 문장을 네이티브 스피커의 음성으로 들으면서 외워 보세요.

▶ MP3 85_A

1 We have tried out several ways to promote our products. This is the only way that can make a profit. This has been proven to be the most effective way compared to others.

2 I was fascinated by the melody of the song. What was the title of the song that we just listened to? I want to know who made the song.

3 Recently, we faced difficulties in obtaining a budget. This is one of the ideas that helps us resolve our problem. We finally have some time to breathe.

▶ MP3 85_B

1
Q This is the only way that can make a profit.
B Is there any other way?
Q As far as I know, this is the only way.

2
Q What was the title of the song that we just listened to?
B It is on the tip of my tongue.
Q Wasn't it *You Raise Me Up*?

3
Q This is one of the ideas that helps us resolve our problem.
B I couldn't agree more.
Q By the way, whose idea was it?

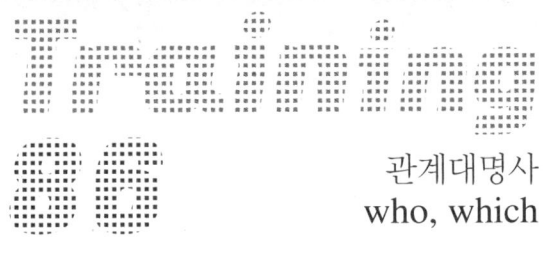

관계대명사 who, which

A 앞서 만든 짧은 문단 전체를 주어진 시간 내에 다시 써 보세요.

제한 시간 3분 10초

1 그가 그런 식으로 행동하는 것은 드문 일이에요. 그는 쉽게 화를 내는 사람이 아니거든요. 분명 우리가 모르는 어떤 이유가 뒤에 있는 거예요.

2 그와 큰 다툼이 있은 후로 저는 그와 대화를 하지 않고 있어요. 저는 그를 만나서 우리를 새로운 관계로 인도할 지도 모르는 개인적인 대화를 나눠 볼 계획이에요. 그와 오랫동안 냉랭한 관계를 유지할 필요는 없거든요.

3 제가 그의 집에 갔을 때, 그는 이미 학교에 가고 없었어요. 그는 학교 가기에는 좀 이른 아침 7시에 집을 나섰어요. 저는 그를 따라잡으려고 뛰어갔어요.

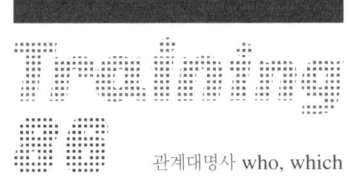

관계대명사 who, which

B 앞서 만든 대화문을 주어진 시간 내에 다시 써 보세요.

제한 시간 1분 40초

1
- **A** He is not a man who gets angry easily.
- **B** 그가 나를 용서할까?

- **A** 물론, 그는 그럴 거야.

2
- **A** I'm planning to meet him and have a private talk which may lead us into a new relationship.
- **B** 그에게 생각할 시간을 줘보는 게 어때?

- **A** 나는 여태까지 그에게 충분한 시간을 줬어.

3
- **A** He left home at 7 a.m. which is too early to go to school.
- **B** 그가 그렇게 이른 시간에 어디를 가려고 계획한 걸까?

- **A** 아무도 알 수 없지 뭐.

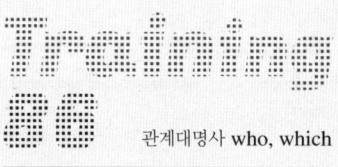

Training 86 관계대명사 who, which

정답 문장을 네이티브 스피커의 음성으로 들으면서 외워 보세요.

MP3 86_A

1 It is unusual for him to behave in that way. He is not a man who gets angry easily. There must be some reason we don't know behind it.

2 I have not talked to him since I had a big argument with him. I'm planning to meet him and have a private talk which may lead us into a new relationship. It is not necessary to have a cold relationship with him for a long time.

3 When I went to his home, he had already gone to school. He left home at 7 a.m. which is too early to go to school. I ran to catch up with him.

1
- Q He is not a man who gets angry easily.
- Q Will he forgive me?
- Q Sure, he will.

2
- Q I'm planning to meet him and have a private talk which may lead us into a new relationship.
- Q Why don't you give him time to think?
- Q I have given him enough time.

3
- Q He left home at 7 a.m. which is too early to go to school.
- Q Where did he plan to go at such an early hour?
- Q Nobody knows.

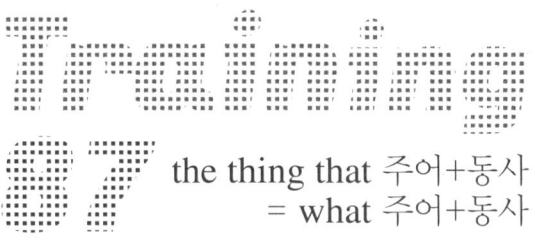

Training 87
the thing that 주어+동사
= what 주어+동사

A 앞서 만든 짧은 문단 전체를 주어진 시간 내에 다시 써 보세요.

제한 시간 3분 10초

1 저는 당신에게서 직접 듣고 싶어요. 당신은 당신이 무엇을 했는지 저에게 말씀해 주셔야 돼요. 진실이 밝혀지는 것은 단지 시간 문제에 불과하거든요.

2 저는 이 코스에 대해 처음에는 회의적이었어요. 이 코스에서 제가 배운 것은 제 장래에 필요한 것이었어요. 제가 아는 학생들에게 분명히 추천할 거예요.

3 저는 당신이 복통에 걸려도 놀라지 않을 거예요. 당신이 (방금) 먹은 것은 아직 다 익은 게 아니었거든요. 게다가, 그건 이틀 동안이나 식탁 위에 놓여 있었어요.

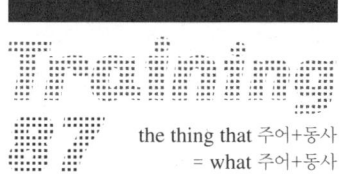

the thing that 주어+동사
= what 주어+동사

B 앞서 만든 대화문을 주어진 시간 내에 다시 써 보세요.

제한 시간 1분 30초

1
- **A** You have to tell me what you did.
- **B** 만일 내가 무엇을 했는지 네게 얘기하면, 너는 놀랄 거야.

- **A** 말해 봐.

2
- **A** What I learned in this course was what I need in the future.
- **B** 두말하면 잔소리지.

- **A** 누구한테든 추천할 거야.

3
- **A** What you have eaten has not been cooked yet.
- **B** 너는 내게 좀 더 일찍 말해주었어야 했어.

- **A** 얼마나 먹었니?

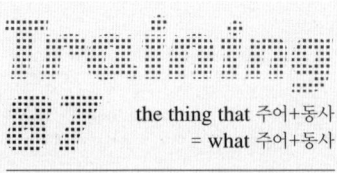

the thing that 주어+동사
= what 주어+동사

정답 문장을 네이티브 스피커의 음성으로 들으면서 외워 보세요.

▶ MP3 87_A

1 I want to hear it directly from you. You have to tell me what you did. It is only a matter of time until the truth is discovered.

2 I was skeptical about this course in the beginning. What I learned in this course was what I need in the future. I will definitely recommend it to students I know.

3 I wouldn't be surprised if you have a stomachache. What you have eaten had not been cooked yet. Moreover, it was sitting on the table for two days.

▶ MP3 87_B

1 Q You have to tell me what you did.
B If I tell you what I did, you will be surprised.
Q Try me!

2 Q What I learned in this course was what I need in the future.
B You can say that again.
Q I would recommend it to anyone.

3 Q What you have eaten had not been cooked yet.
B You should have told me earlier.
Q How much did you eat?

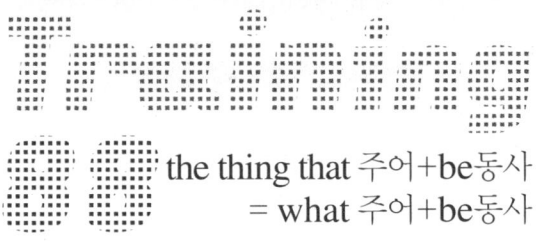

Training 88 the thing that 주어+be동사 = what 주어+be동사

A 앞서 만든 짧은 문단 전체를 주어진 시간 내에 다시 써 보세요.

제한 시간 3분 10초

1 당신은 이것을 왜 샀는지 저에게 말하지 않고 있는데요. 저는 당신이 무엇을 하려 하는지 알고 싶어요. 저는 당신이 제게 말할 때까지 당신을 따라다닐 거예요.

2 이 장소에 대해서 당신이 들은 것은 현실과는 달라요. 이곳에 대해 제가 행복하게 여기는 것은 생활비가 싸다는 거예요. 당신은 쇼핑할 때 당신이 부자인 것처럼 느껴질 거예요.

3 이게 이렇게 좋을지는 몰랐어요. 제가 예상했던 것과는 아주 다르네요. 제가 여기 좀 더 일찍 왔어야 했는데 말이죠.

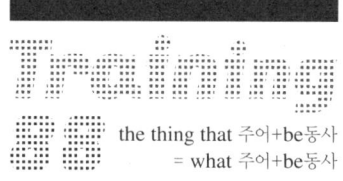

B: 앞서 만든 대화문을 주어진 시간 내에 다시 써 보세요.

제한 시간 1분 30초

1
- A: I want to know what you are going to do.
- B: 그냥 기다렸다가 봐봐.

- A: 너 또 문제를 일으키려고 그러는 거니?

2
- A: What I am happy about here is that the living expense is cheap.
- B: 그게 얼마나 싸니?

- A: 30% 더 싸.

3
- A: It is quite different from what I expected.
- B: 넌 무엇을 예상했었는데?

- A: 나는 그것이 더 작을 거라고 생각했었어.

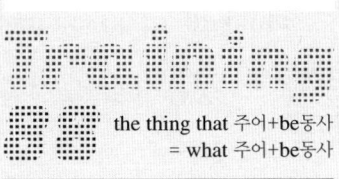

the thing that 주어+be동사
= what 주어+be동사

정답 문장을 네이티브 스피커의 음성으로 들으면서 외워 보세요.

 ▶ MP3 88_A

1 You are not telling me why you bought this. I want to know what you are going to do. I will keep following you until you tell me.

2 What you heard about this place is different from the reality. What I am happy about here is that the living expense is cheap. You feel like you are rich when you go shopping.

3 I didn't know it would be this good. It is quite different from what I expected. I should have come here earlier.

 ▶ MP3 88_B

1 Ⓠ I want to know what you are going to do.
Ⓑ Just wait and see.
Ⓠ Are you going to make trouble again?

2 Ⓠ What I am happy about here is that the living expense is cheap.
Ⓑ How cheap is it?
Ⓠ It is 30% cheaper.

3 Ⓠ It is quite different from what I expected.
Ⓑ What did you expect?
Ⓠ I thought it would be smaller.

형용사절을 형용사구로 바꾸기

앞서 만든 짧은 문단 전체를 주어진 시간 내에 다시 써 보세요.

제한 시간 3분 10초

1 그는 그의 친구를 찾으려고 군중들을 응시하고 있었어요. 그는 똑같은 재킷을 입고 있는 그의 친구를 알아보았어요. 그는 친구의 이름을 소리쳐 부르며 길을 건너라고 손짓했어요.

2 너무 멀어 그녀가 누구인지 분명히 보이질 않아요. 우리에게 손을 흔들고 있는 저 여자는 누구예요? 그녀가 우리에게 흔들고 있는 건지 다른 누군가에게 흔들고 있는 건지도 구분 못하겠어요.

3 당신의 티셔츠들 중 하나가 제 눈을 사로잡았어요. 진열장에 전시되어 있는 티셔츠는 얼마예요? 저는 그 셔츠 위에 새겨진 디자인이 마음에 들어요.

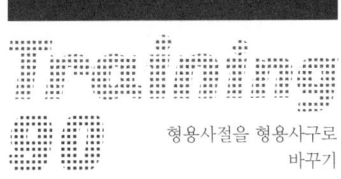

B 앞서 만든 대화문을 주어진 시간 내에 다시 써 보세요.

제한 시간 1분 30초

1
- **A** The man recognized his friend wearing the same jacket.
- **B** 그들은 둘 다 같은 가게에서 그것을 산 게 분명해.

- **A** 그 재킷이 대박인가 봐.

2
- **A** Who is the girl waving her hands at us?
- **B** 또렷하게 보이질 않아.

- **A** 그게 노부요니?

3
- **A** How much is the T-shirt displayed in the window?
- **B** 맨 위 왼쪽에 있는 거 말씀하시는 건가요?

- **A** 아뇨, 진열장 오른쪽 바닥에 있는 거요.

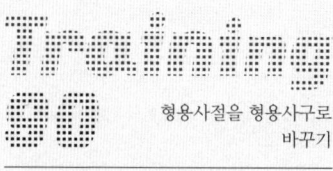

형용사절을 형용사구로 바꾸기

정답 문장을 네이티브 스피커의 음성으로 들으면서 외워 보세요.

1 He stared at the crowd trying to find his friend. The man recognized his friend wearing the same jacket. He yelled his name and gestured to cross the road.

2 It is too far to see clearly who she is. Who is the girl waving her hands to us? I can't even tell whether she is waving at us or someone else.

3 One of your T-shirts caught my eye. How much is the T-shirt displayed in the window? I like the design on the shirt.

1
Q The man recognized his friend wearing the same jacket.
A They both must have bought it at the same store.
Q I guess the jacket is hitting the market.

2
Q Who is the girl waving her hands at us?
A I can't see clearly.
Q Is it Nobuyo?

3
Q How much is the T-shirt displayed in the window?
A Do you mean the one on the top left?
Q No, the one on the bottom right of the window.

관계대명사의 계속적 용법과 제한적 용법

앞서 만든 짧은 문단 전체를 주어진 시간 내에 다시 써 보세요.

제한 시간 3분 20초

1 저는 제가 다른 도시로 이사 가려 한다는 것을 발표했어요. 제가 직장을 그만 두려 한다는 그 계획은 더 이상 비밀이 아니에요. 제 동료들이 저를 위해 송별회를 해 줄 거예요.

2 그것은 20대 이후의 그녀 삶의 여정에 대한 것이에요. 그녀에게서 제가 들은 이야기는 충격적이었어요. 그녀의 목소리가 아직도 제 귀에 맴돌고 있어요.

3 조금 전에 당신이 그것들을 씻어서 서랍 안에 넣었잖아요. 당신이 찾고 있는 그 접시들은 첫 번째 서랍 안에 있어요. 당신 손이 젖어 있으니까 접시 꺼낼 때 조심하세요.

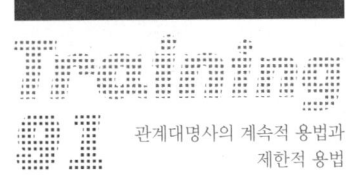

관계대명사의 계속적 용법과 제한적 용법

B 앞서 만든 대화문을 주어진 시간 내에 다시 써 보세요.

⏱ 제한 시간 1분 30초

1
- **A** They know my plan. The plan, which is about quitting my job, is not a secret anymore.
- **B** 나는 (지금까지) 그것에 관해 들은 게 없는데.

- **A** 몰랐던 척하지 마.

2
- **A** What is the story about?
- **B** 그녀에게 들은 이야기는 충격적이었어.

- **A** 그 이야기가 사실에 근거한 거니?

3
- **A** Where are the plates?
- **B** 네가 찾고 있는 접시들은 첫 번째 서랍 안에 있어.

- **A** 난 내가 다른 곳에 놔둔 줄 알았어.

관계대명사의 계속적 용법과 제한적 용법

정답 문장을 네이티브 스피커의 음성으로 들으면서 외워 보세요.

A ▶ MP3 91_A

1 They check people entering this building. If you want to enter here, you should present your identification card. Just show your card and they will let you in.

2 It is about the journey of her life after her twenties. The story which I heard from her was shocking. Her voice is still echoing in my ears.

3 You washed and placed them in the drawer a minute ago. The plates, which you are looking for, are in the first drawer. Your hands are wet so be careful when you take out the plates.

B ▶ MP3 91_B

1 🅠 They know my plan. The plan, which is about quitting my job, is not a secret anymore.
🅑 I haven't heard anything about it.
🅠 Don't pretend you didn't know!

2 🅠 What is the story about?
🅑 The story which I heard from her was shocking.
🅠 Is the story based on fact?

3 🅠 Where are the plates?
🅑 The plates, which you are looking for, are in the first drawer.
🅠 I thought that I put them someplace else.

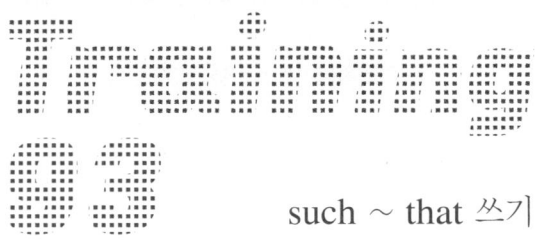

such ~ that 쓰기

앞서 만든 짧은 문단 전체를 주어진 시간 내에 다시 써 보세요.

제한 시간 3분 10초

1 우리가 기다리던 날씨였어요. 날씨가 워낙 좋아서 우리는 밖에 나가 즐겁게 보낼 수 있었어요. 날씨가 좋은 한, 우리는 내일도 또 할 거예요.

2 저는 보통 같은 영화를 두 번 이상 보지 않는데요. 이 영화는 워낙 대단한 영화라서 여러 번 반복해서 보고 싶어요. 제 생각에 이 영화가 세상에 대한 제 시각을 바꾼 것 같아요.

3 모든 일이 완벽하게 돌아갔어요. 우리는 워낙 즐거운 시간을 가져서 떠나고 싶지 않았어요. 항상 뭔가 즐길 것이 있었거든요.

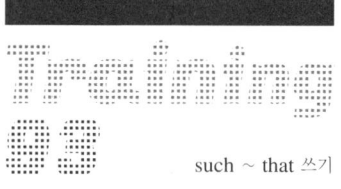

such ~ that 쓰기

앞서 만든 대화문을 주어진 시간 내에 다시 써 보세요.

제한 시간 1분 30초

1
- A It was such nice weather that we could go out and have fun.
- B 오늘 어디 갔었는데?

- A 우리는 근처에 있는 공원에 가서 축구를 했어.

2
- A This is such a great movie that I want to watch it over and over again.
- B 넌 지금까지 몇 번을 봤니?

- A 열 번 넘는 것 같아.

3
- A We had such a good time that we didn't want to leave.
- B 뭘 했는데?

- A 많은 얘기를 했고 우리가 공통점이 아주 많다는 것을 알게 됐어.

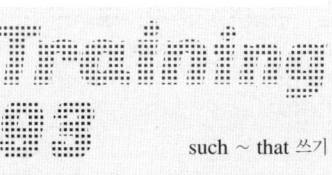

such ~ that 쓰기

정답 문장을 네이티브 스피커의 음성으로 들으면서 외워 보세요.

1 It was the weather that we had been waiting for. It was such nice weather that we could go out and have fun. As long as the weather is good, we will do it again tomorrow.

2 I usually don't watch the same movie more than twice. This is such a great movie that I want to watch it over and over again. I think this movie has changed my view of the world.

3 Everything went perfectly fine. We had such a good time that we didn't want to leave. There was always something to enjoy.

1
- Q It was such nice weather that we could go out and have fun.
- Q Where did you go today?
- Q We went to the park nearby and played soccer.

2
- Q This is such a great movie that I want to watch it over and over again.
- Q How many times have you watched it?
- Q More than 10 times I think.

3
- Q We had such a good time that we didn't want to leave.
- Q What did you do?
- Q We talked a lot and found out that we had so much in common.

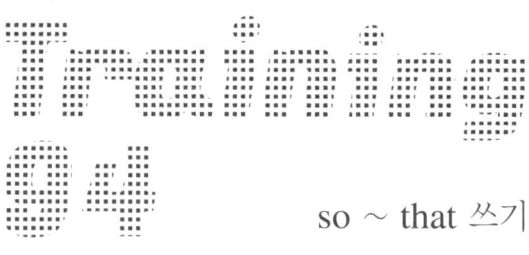

so ~ that 쓰기

앞서 만든 짧은 문단 전체를 주어진 시간 내에 다시 써 보세요.

제한 시간 3분 10초

1 그게 그렇게 재미있는 줄은 몰랐어요. 저는 그걸 워낙 좋아해서 하루 종일 그걸 하면서 보낼 수 있어요. 일단 한번 발을 들여 놓으면 빠져 나올 수 없다니까요.

2 저는 제 친구에게서 농담을 들었어요. 그 농담은 워낙 웃겨서 웃지 않을 수 없었어요. 그것을 생각할 때마다 저는 웃음이 나와요.

3 그는 부업으로 다른 사업을 하고 있는 중이에요. 그는 워낙 바빠서 자기 생일을 잊어버렸어요. 그는 개인적인 삶보다 사업에 훨씬 더 많은 신경을 쓰는 것 같아요.

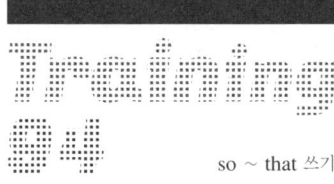
so ~ that 쓰기

B 앞서 만든 대화문을 주어진 시간 내에 다시 써 보세요.

제한 시간 1분 40초

1
- **A** I like it so much that I can spend all day doing it.
- **B** 무엇이 너로 하여금 그것을 좋아하게 만드니?

- **A** 그것이 나를 진정시키고 편안하게 느끼게 만들어 주거든.

2
- **A** The joke was so funny that I could not help laughing.
- **B** 그가 농담을 너무 심하게 한다고 생각지 않니?

- **A** 그건 그냥 농담이었는데 뭐.

3
- **A** He was so busy that he forgot his birthday.
- **B** 그가 무엇을 하고 있는 중이었는데?

- **A** 그는 출장 중이었어.

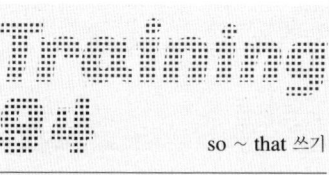

so ~ that 쓰기

정답 문장을 네이티브 스피커의 음성으로 들으면서 외워 보세요.

▶ MP3 94_A

1 I didn't know it was so fun. I like it so much that I can spend all day doing it. Once you step in, you can't get away.

2 I heard a joke from my friend. The joke was so funny that I could not help laughing. Whenever I thought about it, I laughed.

3 He is running another business on the side. He was so busy that he forgot his birthday. It seems that he cares about his business much more than his personal life.

▶ MP3 94_B

1
Q I like it so much that I can spend all day doing it.
Q What makes you like it?
A It makes me relax and feel comfortable.

2
Q The joke was so funny that I could not help laughing.
Q Don't you think he carried the joke too far?
A It was just a joke.

3
Q He was so busy that he forgot his birthday.
Q What was he doing?
A He was on a business trip.

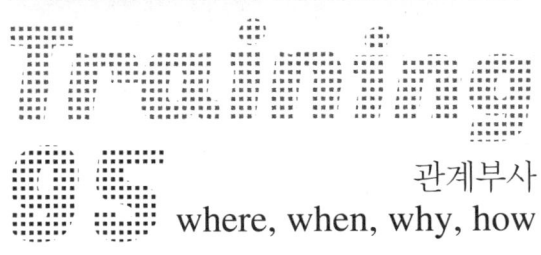

Training 95 관계부사
where, when, why, how

A 앞서 만든 짧은 문단 전체를 주어진 시간 내에 다시 써 보세요.

⏱ 제한 시간 3분 30초

1 저는 여기에 잠시 멈췄었어요. 이곳이 제가 제 카드를 놓아둔 장소예요. 제 생각에 그것이 제 주머니에서 빠져나간 것 같아요.

2 당신은 제가 찾고 있던 그 사람이었어요. 저는 제가 커피숍에서 당신을 봤던 그날을 아직 기억하고 있어요. 우리는 늦게까지 긴 대화를 나눴잖아요.

3 저는 당신이 이것에 대해 아무 문제 없다고 생각했었어요. 당신이 왜 동의하지 않는지 그 이유를 저에게 말해 주세요. 당신의 의견이 그것을 향상시키는 데 도움이 될지도 모르잖아요.

4 저는 오늘 아침에 그와 얘기를 했어요. 그는 그가 어떻게 그녀를 만났는지 제게 말해 주었어요. 그는 그녀가 일으킨 이 문제와 아무 관련이 없어요.

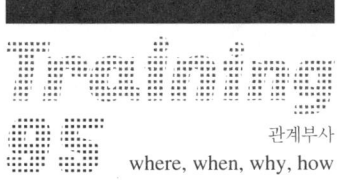

Training 95 — 관계부사 where, when, why, how

B 앞서 만든 대화문을 주어진 시간 내에 다시 써 보세요.

⏱ 제한 시간 1분 50초

1
- Q: This is the place where I left my card.
- B: 좀 더 구체적으로 말해 줄 수 있겠니?

_____

- Q: 내가 내 카드를 선반 맨 위에 놔 두었어.

_____

2
- Q: I still remember the day when I saw you at the coffee shop.
- B: 그래?

_____

- Q: 너의 첫인상이 매우 인상 깊었어.

_____

3
- Q: Tell me the reason why you disagree.
- B: 왜냐하면 스케줄이 너무 빡빡하기 때문이야.

_____

- Q: 우리에게 선택권이 있니?

_____

4

A He told me how he met her.
B 정말? 그들이 어떻게 만났대?

A 그녀가 그의 반 친구였대.

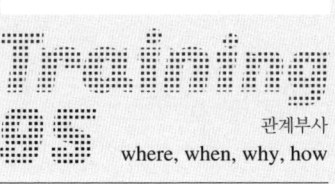

관계부사
where, when, why, how

정답 문장을 네이티브 스피커의 음성으로 들으면서 외워 보세요.

1 I stopped here for a moment. This is the place where I left my card. I think it slipped out of my pocket.

2 You were the one I had been looking for. I still remember the day when I saw you at the coffee shop. We had a long conversation until late.

3 I thought you had no problem with this. Tell me the reason why you disagree. Your opinion may be helpful to improve it.

4 I talked with him this morning. He told me how he met her. He has nothing to do with this problem she caused.

1
- Q This is the place where I left my card.
- B Can you be more specific?
- Q I left my card on top of the shelf.

2
- Q I still remember the day when I saw you at the coffee shop.
- B Do you?
- Q Your first impression was very impressive.

3
- Q Tell me the reason why you disagree.
- B Because the schedule is too tight.
- Q Do we have a choice?

4
- Q He told me how he met her.
- B Really? How did they meet?
- Q He said she was his classmate.

Training 96   복합관계부사, 복합관계대명사, no matter ~

A 앞서 만든 짧은 문단 전체를 주어진 시간 내에 다시 써 보세요.

제한 시간 3분 50초

1   저는 오늘 제 집에 있을 거예요. 당신은 당신이 원할 때 언제든 저희 집에 와도 좋아요. 점심 때 오면 더 좋고요.

2   당신이 결정하면 저는 그냥 따를게요. 저는 당신이 어디에 있든 당신과 함께할 거예요. 당신이 어디를 정하든 저는 좋아요.

3   그 반지가 제 관심을 끌었어요. 그게 얼마가 들든, 저는 그 반지를 살 거예요. 그건 시간 문제일 뿐이에요.

4 저는 벌써 그것을 하기 시작했는걸요. 저는 무슨 일이 생기더라도 제 마음을 바꾸지 않을 거예요. 저는 그건 할 가치가 있다고 생각해요.

5 저한테 무엇이 잘못 되었는지 모르겠어요. 저는 아무리 잠을 많이 자도 피곤해요. 저는 좀 더 편안하게 자는 방법을 찾아야 겠어요.

6 당신은 저희에게 소중한 고객입니다. 당신은 언제든 여기 오시는 것이 환영입니다. 저희는 완전한 서비스를 제공할 준비가 되어 있습니다.

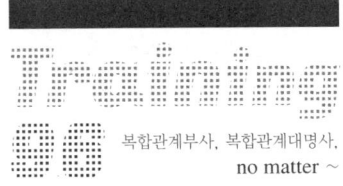

Training 06
복합관계부사, 복합관계대명사, no matter ~

B 앞서 만든 대화문을 주어진 시간 내에 다시 써 보세요.
제한 시간 3분

1
- A You can come to my house whenever you want.
- B 내가 가기 전에 너에게 알려줄게.

- A 그게 언제쯤 되겠니?

2
- A I will be with you wherever you are.
- B 너 지난번에도 그렇게 말하지 않았었니?

- A 이번에는 진짜야.

3
- A However much it costs, I will buy that ring.
- B 그게 너에게 정말로 중요한 거니?

- A 의문의 여지가 없어.

109

4
- A: I will not change my mind no matter what happens.
- B: 결정하기 전에 다시 생각하는 게 좋을 거야.

- A: 조언 좀 해줄래?

5
- A: No matter how much I sleep, I am tired.
- B: 무엇이 너를 괴롭히는데?

- A: 나 요즘 스트레스를 많이 받고 있어.

6
- A: You are welcome here no matter when you come.
- B: 고마워요. 다시 방문할게요.

- A: 대로로 가는 길은 아시나요?

Training 96

복합관계부사, 복합관계대명사, no matter ~

정답 문장을 네이티브 스피커의 음성으로 들으면서 외워 보세요.

A

MP3 96_A

1 I will be at my house today. You can come to my house whenever you want. It is better for you to come at lunch time.

2 You decide and I will just follow. I will be with you wherever you are. Wherever you choose, it will be all right with me.

3 The ring caught my attention. However much it costs, I will buy that ring. It is just a matter of time.

4 I have already started doing it. I will not change my mind no matter what happens. I think it is worth doing.

5 I don't know what is wrong with me. No matter how much I sleep, I am tired. I should find a way to sleep more comfortably.

6 You are a valued customer to us. You are welcome here no matter when you come. We are ready to give you our full service.

1
- Q You can come to my house whenever you want.
- B I will let you know before I come.
- Q When would that be?

2
- Q I will be with you wherever you are.
- B Didn't you say that last time?
- Q This time, I mean it.

3
- Q However much it costs, I will buy that ring.
- B Is it really important to you?
- Q No question about it.

4
- Q I will not change my mind no matter what happens.
- B You better think twice before you decide.
- Q Would you give me some advice?

5
- Q No matter how much I sleep, I am tired.
- B What troubles you?
- Q I am under a lot of stress these days.

6
- Q You are welcome here no matter when you come.
- B Thank you. I will visit again.
- Q Do you know the way to the main road?

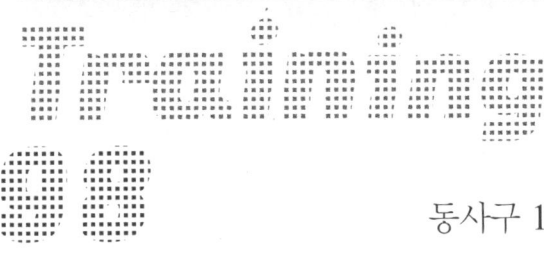

동사구 1

앞서 만든 짧은 문단 전체를 주어진 시간 내에 다시 써 보세요.

제한 시간 3분 50초

1 당신은 그것들에 너무 많은 시간을 보내고 있어요. 그것들을 빼는 것이 어때요? 그렇게 하면 당신의 시간도 아끼고 그것들을 일찍 끝낼 수도 있잖아요.

2 그들은 일주일 내내 대대적인 할인 행사를 벌이고 있어요. 그들은 그것들을 가능한 한 빨리 팔고 싶어 하는 게 틀림없어요. 제가 원하던 것을 살 수 있는 기회예요.

3 이게 저한테 잘 어울리는 것 같은데요. 만일 괜찮다면 제가 그것을 입어 봐도 될까요? 그게 맞으면 살게요.

4 저는 그게 그인 줄 몰랐어요. 제가 실수로 그를 들어오게 했어요. 그가 말하는 투가 달랐거든요.

5 그들은 예산을 초과하고 있었거든요. 그들은 그것을 당분간 접어둘 거라고 말했어요. 그들은 또한 그것이 일시적인 상황이며 오래 가진 않을 거라고 말했어요.

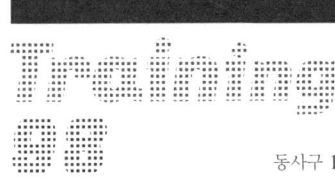

동사구 1

 앞서 만든 대화문을 주어진 시간 내에 다시 써 보세요.

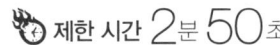 제한 시간 2분 50초

1

🅐 Why don't you leave them out?

🅑 난 무엇이 중요하고 무엇이 중요하지 않은지 알아낼 수가 없어. 내게는 모두 다 중요해 보여.

🅐 내가 도와줄까?

2

🅐 They must want to sell them out as soon as possible.

🅑 그게 그들이 이렇게 대폭적인 할인을 해준 이유야.

🅐 너 가서 그것을 살펴보고 싶니?

3

🅐 I would like to try it on if it is okay.

🅑 그러세요. 마음껏 입어보세요.

🅐 옷 입어보는 방이 어디죠?

4
- **A** I accidentally let him in.
- **B** '실수로'라니 무슨 뜻이야?

- **A** 나는 그가 다른 사람인 줄 알았어.

5
- **A** They said that they were going to put it aside for a while.
- **B** 얼마 동안이나?

- **A** 그들이 충분한 예산을 가질 때까지.

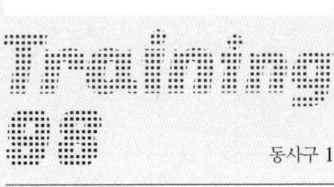

동사구 1

정답 문장을 네이티브 스피커의 음성으로 들으면서 외워 보세요.

MP3 98_A

1 You are spending too much time on them. Why don't you leave them out? That way, you save your time and finish them early.

2 They are having a big sale all week long. They must want to sell them out as soon as possible. It is a chance for me to buy the one I have wanted.

3 I think this looks fine for me. I would like to try it on if it is okay. If it fits, I will take it.

4 I didn't know it was him. I accidentally let him in. He sounded different.

5 They were running over budget. They said that they were going to put it aside for a while. They also said it is a temporary condition and will not be long.

B ▶ MP3 98_B

1
- Q Why don't you leave them out?
- B I can't figure out what is important and what is not. Everything seems to be important to me.
- Q Can I help?

2
- Q They must want to sell them out as soon as possible.
- B That is why they gave this huge discount.
- Q Would you like to go and look at it?

3
- Q I would like to try it on if it is okay.
- B Go ahead. Feel free to try.
- Q Where is the fitting room?

4
- Q I accidentally let him in.
- B What do you mean 'accidentally'?
- Q I thought he was someone else.

5
- Q They said that they were going to put it aside for a while.
- B For how long?
- Q Until they have enough budget.

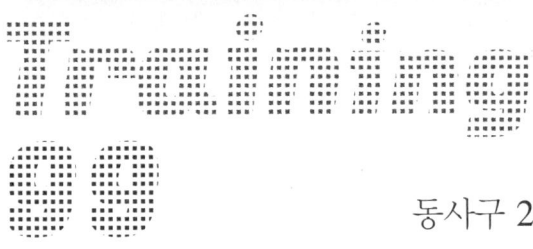

동사구 2

A. 앞서 만든 짧은 문단 전체를 주어진 시간 내에 다시 써 보세요.

제한 시간 3분 50초

1 저는 제 책장 구석에서 제 옛날 사진을 발견했어요. 그 사진은 제 기억을 15년 전으로 돌아가게 만들었어요. 제가 그 시절로 돌아갈 수만 있다면 좋으련만.

2 우리 모두는 누군가를 만나서 관계를 쌓기 시작하는데요. 우리 인생의 어느 시점에서 누군가와 헤어지는 것은 자연스러운 거예요. 요는 그것으로부터 우리가 무엇을 배우는가 하는 거죠.

3 저는 지하철을 타고 학교로 가는 길이었어요. 저는 지하철 안에서 우연히 제 옛 친구를 만났어요. 그는 하나도 변하지 않았더라고요.

4 저는 이것을 작년에 사서 아직 한 번도 안 입어 봤어요. 시간이 지남에 따라 색깔이 서서히 바래고 있는 중이에요. 그것이 이제는 오래된 중고 같아 보여요.

5 저는 수학 수업 숙제를 하는 것을 깜빡했거든요. 저는 경고만 듣고 빠져나올 수 있어서 다행이었어요. 저는 수학 선생님이 좋은데 왜냐하면 그는 항상 우리에게 또 다른 기회를 주거든요.

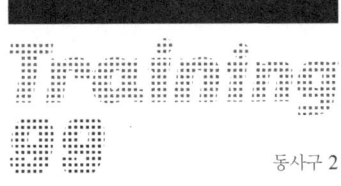

동사구 2

B 앞서 만든 대화문을 주어진 시간 내에 다시 써 보세요.

제한 시간 2분 40초

1
- **A** This picture made me go back in my memory to 15 years ago.
- **B** 그게 무슨 기억인데?

- **A** 나의 티베트 여행에 관한 기억.

2
- **A** It is natural to break up with someone at some point in our life.
- **B** 그게 삶이지.

- **A** 넌 누구와 헤어져 본 적 있니?

3
- **A** I came across my old friend in the subway.
- **B** 그랬니? 그게 누구였는데?

- **A** 그는 내 제일 친한 친구들 중 하나였어.

4

🅐 This color is slowly fading away as time passes.
🅑 햇빛을 받지 않게 하지 그러니?

🅐 그게 도움이 될까?

5

🅐 I was lucky to get away without hurting myself.
🅑 어떻게 했는데?

🅐 나는 뒤도 돌아보지 않고 할 수 있는 한 빨리 달렸어.

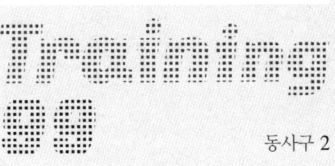

동사구 2

정답 문장을 네이티브 스피커의 음성으로 들으면서 외워 보세요.

1 I have found my old picture in the corner of my bookcase. This picture made me go back in my memory to 15 years ago. I wish I could go back to that time.

2 We all meet someone and start to build a relationship. It is natural to break up with someone at some point in our life. The point is what we learn from it.

3 I was going to school by subway. I came across my old friend in the subway. He hasn't changed a bit.

4 I bought this last year and have not worn it once. The color is slowly fading away as time passes. It looks old and used.

5 I forgot to do my homework for math class. I was lucky to get away with only a warning. I like our math teacher because he always gives us a second chance.

B

1
- Q This picture made me go back in my memory to 15 years ago.
- B What memory is it?
- Q The memory of my traveling in Tibet.

2
- Q It is natural to break up with someone at some point in our life.
- B That's life.
- Q Did you ever break up with someone?

3
- Q I came across my old friend in the subway.
- Q You did? Who was it?
- Q He was one of my best friends.

4
- Q The color is slowly fading away as time passes.
- Q Why don't you keep it out of the sun?
- Q Does it help?

5
- Q I was lucky to get away without hurting myself.
- Q How did you do it?
- Q I ran as fast as I could without looking back.

사람in 은 훈련이 영어를 배우는 가장 확실한 길이라는 믿음으로 영어 교재를 개발하고 있습니다.

―

**영어
라이팅 훈련**
실전 확장 워크북
❸

저자 한일
초판 1쇄 발행 2013년 12월 27일　**초판 2쇄 발행** 2021년 3월 5일

발행인 박효상　**책임 편집** 김현　**편집** 김설아　**디자인·조판** the PAGE 박성미　**디자인** 이연진　**마케팅** 이태호, 이전희

출판등록 제10-1835호　**발행처** 사람in　**주소** 04034 서울시 마포구 양화로 11길 378-16번지 3F
전화 02) 338-3555(代)　**팩스** 02) 338-3545　**E-mail** saramin@netsgo.com
Website www.saramin.com

책값은 뒤표지에 있습니다.
파본은 바꾸어 드립니다.

ⓒ 한일 2013

ISBN
978-89-6049-369-8 13740
978-89-6049-286-8(set)

우아한 지적만보, 기민한 실사구시 **사람in**

사람이 중심이 되는 세상, 세상과 소통하는 책
www.saramin.com

영어
라이팅 훈련
실천 확장 워크북
Training
61-100